정책연구시리즈 2023-12

노인빈곤에 관한 연구: 소득과 소비를 중심으로

이승희

정책연구시리즈 **2023-12**

노인빈곤에 관한 연구: 소득과 소비를 중심으로

저 자

이승희 | 한국개발연구원 연구위원

연구지원

이수은 | 한국개발연구원 전문연구원

발간사

우리 사회의 심각한 문제로 대두된 노인빈곤 문제를 완화하기 위해 여러 정책이 도입되었으나, 우리나라의 노인빈곤율은 여전히 OECD 국가 중 가장 높은 수준이다. 2018년 기준 우리나라의 노인빈곤율은 43.4%로, OECD 평균인 13.1%보다 약 세 배나 높다. 그러나 한편, 소득만으로는 우리나라 고령층의 경제적 상황을 정확하게 파악하기 어렵다는 우려 또한 존재한다. 우리나라의 노후소득보장체계가 아직 미성숙하다는 점에서, 현재의 고령층은 노후를 대비하기 위해 자산 등 다른 방법을 활용했을 가능성이 있기 때문이다. 또한 최근 연구 결과와 같이 물질적 웰빙은 소득만으로는 측정하기 어려우며 자산과 소비 등 다양한 경제적 측면을 함께 평가해야 한다는 점도 고려할 만하다.

이에 따라 본 연구는 소득과 소비를 함께 고려하여 우리나라 고령층의 경제적 상황을 종합적으로 분석하고 효과적인 노인빈곤 완화 정책 설계를 위한 정책 방향성을 제시한다. 또한, 고령층의 종합적인 경제적 상황이 가족 구조, 출생 세대에 따라 달라지는 양상을 분석하고 분석 결과를 바탕으로 현행 기초연금에 대한 정책 개선방향을 도출한다. 본 연구의 분석 결과를 바탕으로 한 이러한 정책적 시사점들이 정부의 향후 노인빈곤 완화 정책 수립에 도움이 되기를 기대한다.

저자는 연구 진행 과정에서 귀중한 조언과 격려를 아끼지 않은 동료 연구위원들과 여러 자문위원들, 그리고 익명의 두 검토자에게 깊은 감사의 뜻을 표하고 있다. 또한 분석을 위한 자료 수집 및 정리에 큰 도움을 준 이수은 전문연구원에게 심심한 감사를 전하고 있다.

마지막으로 본 보고서에 제시된 견해는 집필자 개인의 의견이며, 본원의 공식 견해가 아님을 밝혀 두는 바이다.

2023년 12월

한국개발연구원 원장

조 동 철

목 차

발간사

요 약 1

제1장 서 론 7

제2장 우리나라의 노인빈곤 현황 12

제1절 고령층의 빈곤 현황 12

제2절 소득과 자산으로 본 노인빈곤 19

제3장 소득과 소비를 고려한 노인빈곤 24

제1절 소비로 평가한 노인빈곤 24

제2절 코로나19와 노인빈곤 33

제3절 소득과 소비로 본 취약계층 38

제4장 세대를 고려한 노인빈곤과 정책 제안 49

제1절 세대별 분석 49

제2절 정책 제안 59

제5장 결 론 62

참고문헌 64

부 록 68

◈ 표 목 차

<표 2- 1> 고령가구의 자산 구성(2016~21년) ······ 17
<표 2- 2> 해외 주요 국가 고령가구의 자산 구성 ······ 17

<표 3- 1> 「가계금융복지조사」의 소비지출 항목 ······ 24
<표 3- 2> 고령층 소득-소비 극빈곤/빈곤/근접빈곤 구성 비율(2021년) ······ 42
<표 3- 3> 고령층 가구 유형 ······ 45
<표 3- 4> 고령층 가구 유형별 빈곤율(2020년) ······ 47
<표 3- 5> 고령층 가구 유형별 소비지출 항목 비중(2020년) ······ 48

<부표 1> 고령층 가구 유형별 소비지출 비중(2016~21년) ······ 85
<부표 2> 노후 준비 여부 및 방법(2023년) ······ 87
<부표 3> 성·연령별 주택 소유자 통계(2022년) ······ 88
<부표 4> 매매가격 대비 전세가격 비율 ······ 89
<부표 5> 전월세 전환율 ······ 89
<부표 6> 사용자 비용 계산 이용 변수 ······ 89

◈ 그 림 목 차

[그림 2- 1] 우리나라 노인빈곤율(2016~21년) ··· 13
[그림 2- 2] OECD 청·장년층 빈곤율과 노인빈곤율(2019년) ··· 15
[그림 2- 3] OECD 회원국 고령층의 소득 구성(2021년) ··· 16
[그림 2- 4] 자산의 소득화에 따른 노인빈곤율(2016~21년) ··· 21
[그림 2- 5] 고령층의 소득-자산 구성 비율(2016~21년) ··· 22
[그림 2- 6] 자산의 소득화에 따른 노인빈곤율 국제 비교(2016~17년) ··· 23

[그림 3- 1] 연령대별 소득, 소비지출, 소비(2021년) ··· 30
[그림 3- 2] 소비 기준 노인빈곤율(2016~21년) ··· 31
[그림 3- 3] 소득, 소비지출 기반 빈곤율과 자산에 의한 영향(2016~21년) ··· 33
[그림 3- 4] 고령층 소비분위별 소비 증가율(2019~21년) ··· 34
[그림 3- 5] 고령층 소비분위별 소비지출 증가율(2019~21년) ··· 36
[그림 3- 6] 고령층 소비분위별 자산 환산 소비 증가율(2019~21년) ··· 38
[그림 3- 7] 고령층의 소득-소비 구성 비율(2016~21년) ··· 40
[그림 3- 8] 고령층 극빈곤/빈곤/근접빈곤 비율(2016~21년) ··· 41
[그림 3- 9] 고령층 가구 유형별 구성 비율(2016~21년) ··· 45

[그림 4- 1] 고령층 연령대별 빈곤율(2016~21년) ··· 50
[그림 4- 2] 고령층 세대별 빈곤율(2016~21년) ··· 51
[그림 4- 3] 고령층 세대별 취약계층 비율(2016~21년) ··· 53
[그림 4- 4] 고령층 출생 세대별 구성 비율(2016~21년) ··· 54
[그림 4- 5] 출생코호트별 생애 1인당 국민총소득 ··· 57
[그림 4- 6] 출생 세대별 최종학력 ··· 59

그림목차

[부도 1] 감가상각률 시나리오별 잔가율 ······ 72
[부도 2] 고령층 소비분위별 소비지출 항목별 증가율(2019~21년) ······ 73
[부도 3] 고령층 소득-소비 빈곤 유형별 특성 비교(2016~21년) ······ 79
[부도 4] 고령층 가구 유형별 빈곤율(2016~21년) ······ 82
[부도 5] 소비지출 항목 결측 표본 제외 노인빈곤율(2016~21년) ······ 90
[부도 6] 교육비를 포함한 소비 기준 노인빈곤율(2016~21년) ······ 90

요 약

우리나라의 소득 기준 노인빈곤율은 감소하는 추세를 보이고 있으나 여전히 OECD 최고 수준이다. OECD Income Distribution Database에 따르면, 2018년 기준 처분가능소득으로 계산한 우리나라의 노인빈곤율은 43.4%로 OECD 평균 노인빈곤율인 13.1%보다 세 배가량 높다. 이를 근로장년층 빈곤율(11.8%)과 비교해 보아도 노인빈곤율과 근로장년층 빈곤율 간의 차이가 다른 OECD 회원국들에 비해 크다.

그러나 한편, 소득만으로는 우리나라 고령층의 경제적 상황을 정확하게 파악하지 못할 우려가 있다. 그 첫 번째 이유로는 우리나라의 노후보장 체계의 미성숙을 고려할 수 있다. 이로 인해 현재의 고령층은 자산을 활용한 노후 대비 등 다른 노후대책을 마련했을 가능성이 존재한다. OECD Income Distribution Database에 따르면, 우리나라 고령층의 소득 중 자본소득이 차지하는 비중은 22.1%로 OECD 평균인 9.9%보다 높은 수치를 보인다. 통계청의 2023년 사회조사에서도 노후 준비 방법에 대한 질문에 60세 이상에서 금융자산(예금 · 적금 18.4%)이나 부동산과 같은 실물자산(부동산 운용 8.1%, 주택연금 2.9%)이라고 응답한 비중이 전체 연령대 평균 응답 비중(예금 · 적금 15.7%, 부동산 운용 4.9%, 주택연금 1.3%)보다 높게 나타난다.

두 번째 이유는, 물질적 웰빙을 측정할 때 소득뿐만 아니라 자산이나 소비 등 다양한 경제적 측면을 함께 고려해야 한다는 점이다. 최근 들어 빈곤은 소득 단일 차원의 문제가 아니라 다차원적인 문제라는 관점으로 빈곤에 대한 다양한 연구가 진행되고 있다. OECD에서 정기적으로 발행하는 *How's Life?*에서도 물질적 웰빙 측정에 소득과 자산을 함께 활용하고 있다.

따라서 본 연구에서는 소득과 소비를 함께 이용하여 우리나라 고령층의 경제적 상황을 평가하고자 한다. 소득에 비해 관측이 어려운 한계가 있으나, 소비는 항상소득에 의해 결정되어 장기적인 관점에서의 물질적 웰빙을 평가할 수 있고 자산까지 고려할 수 있다는 점에서 소득보다 노인빈곤 분석에 유용할 수 있다. 이와 같이 소비와 소득을 함께 고려하여 소득 한 차원에서만 빈곤한 고령층이 아닌 두 차원 모두에서 빈곤한 취약계층을 식별하고 이를 통해 노인빈곤 완화 정책의 방향성을 모색하고자 하였다.

제2장에서는 소득과 자산을 중심으로 현재 우리나라 노인빈곤의 현황을 살펴본다. 처분가능소득 기준 노인빈곤율은 2021년 기준 여전히 40%에 가까운 수치로 높은 편이다. 그러나 이러한 소득 기준 빈곤 고령층 내에서도 보유자산 규모에 따른 이질성이 확연히 드러난다. 가계금융복지조사에 따르면, 우리나라 고령층의 보유자산은 대부분 유동성이 낮은 부동산에 치중되어 있다. 고령층 자산 내 부동산의 비중은 약 80%이다. 유동성이 높은 금융자산의 비중은 약 15% 정도로, 룩셈부르크 소득연구의 LWS(Luxembourg Wealth Study) DB로 비교해 보았을 때 해외 주요 국가들에 비해 낮은 편이다. 따라서 빈곤층 내에서도 보유자산 규모는 크게 차이가 나나 대부분이 유동성이 낮은 자산이기에 소비지출의 차이는 상대적으로 적게 나타난다. 한편, 자산과 소득 모두 빈곤한 저(低)소득-저(低)자산 취약계층의 비율은 약 30% 이다. 소득 기준 빈곤 고령층이 약 40%임을 감안하면, 약 10%의 노인은 자산을 추가적으로 고려했을 때 빈곤하지 않다는 것을 알 수있다. 물론, 보유자산을 소모하여 연금화한다면 스스로 빈곤층에서 탈출할 수 있는 고령층의 비율은 그보다 높다. 그러나 자산을 소득화하더라도 우리나라의 노인빈곤율은 여전히 주요 해외 국가들에 비해 높은 수준이다.

제3장에서는 소득과 소비를 고려하여 우리나라의 노인빈곤을 분석한다. 본 연구에서의 소비는 소비지출과 다르다. 구체적으로 선행연구를 따라 소비지출에서 교육비를 제외하고 거주주택, 차량과 같은 내구재로부터의 서비스 가치를 포함하여 소비를 정의하였다. 이와 같은 방식으로 정의한 소비를 활용하여 노인빈곤율을 계산하면 소득 기준 노인빈곤율에 비해 10%p 낮게 나타난다. 소득과 소비가 모두 빈곤한 고령층을 저(低)소득－저(低)소비 취약계층으로 정의하면, 그 비중은 약 20% 수준이다. 이와 같은 저(低)소득－저(低)소비 취약계층의 경우 소비와 소비지출이 거의 일치한다. 소비에 포함된 내구재가 실물자산의 일종임을 감안하면, 이는 이 취약계층의 경우 보유자산이 거의 없음을 시사한다. 또한 다른 노인빈곤율이 시간에 따라 점차 감소하는 추세를 보이는 반면, 소비 기준 노인빈곤율의 경우 코로나19 시기인 2021년에 2020년 대비 증가하는 추세를 보인다. 이는 코로나19 시기의 특수성과 급격한 부동산 시장의 변화로 인한 것으로 보인다. 한편, 고령층의 가구 유형에 따라 빈곤율과 주요 소비지출 구성 항목 또한 다르게 나타난다. 빈곤율이 높은 가구 유형은 노인 1인 가구와 노인이 부양가족을 보살펴야 하는, 노인이 실질적인 부양자인 경우이다. 이러한 가구 유형에서는 소비지출의 절대적 규모가 작고 필수 소비지출이 차지하는 비중이 크게 나타났다. 특히 이러한 가구 유형은 의료비 지출 규모와 비중이 작은바, 필수적인 의료서비스를 충분히 누리지 못하고 있을 가능성이 있다.

우리나라의 노인빈곤율은 자산이나 소비를 추가적으로 고려하더라도 여전히 높은 수준으로 보인다. 이와 같이 우리나라의 심각한 노인빈곤을 분석하기 위해 제4장에서는 세대를 고려하여 노인빈곤을 분석하고 이를 바탕으로 노인빈곤 완화 정책의 방향을 제안한다. 분석을 위해 현재 고령층을 출생 세대별로 나누어 빈곤을 분석한 결과, 고령층 내에서도 세대 간 빈곤 수준의 차이가 크게 나타났다. 즉, 우리나라의 높은 노인빈곤율은 상대적으로 더 빈곤한 세대의 비중이 높기 때문인 것으로 보인다. 1950년 이전 출생 세대의 경우 빈곤율이 50%에 가깝지만 1950년 이후 출생 세대의 경우 빈곤율은 30% 이하로, 출생 세대에 따라 빈곤율 차이가 크게 나타난다. 현재의 높은 노인빈곤율은 상대적으로 더 빈곤한 1950년 이전 출생 세대의 비중이 큰 것이 주요한 원인으로 보인다. 자산이나 소비를 추가적으로 고려하여 세대별로 취약계층 비율을 계산하여도 세대 간 취약계층 비율의 차이는 크게 나타난다. 또한 이를 통해 보았을 때 최근 노인빈곤율이 감소한 것과 상대적으로 고령층 내 연소노인(65~74세)과 초고령노인(75세 이상) 간의 빈곤율에 큰 차이가 나는 것은 상대적으로 덜 빈곤한 1950년대생의 고령층 내 비중 증가에 의한 것으로 보인다. 앞으로 덜 빈곤한 베이비붐 세대가 고령층에 포함됨에 따라 노인빈곤율은 점차 낮아질 것으로 전망된다. 이와 같은 세대 간 빈곤율 차이는 급속한 경제성장과 이로 인한 사회제도의 급격한 변화로 인한 것으로 보인다. 1950년 이전 출생 세대의 경우 급속한 경제성장의 수혜를 적게 받아 상대적으로 그 이후 출생 세대에 비해 소득 수준이 낮고 자산 축적이 어려웠을 가능성이 높다. 사회제도 또한 급격히 변화하여 고령층 내 세대 간 학력 차이 또한 크게 나타난다. 우리나라의 가장 대표적인 노후소득보장체계인 국민연금도 1998년에 전 국민을 대상으로 확대되어 1950년 이전 출생 세대의 경우 가입기간이 짧고 수령액이 적다. 이 또한 세대 간 빈곤율 차이의 원인 중 하나이다.

이러한 분석을 바탕으로 보았을 때, 노인빈곤 완화를 위해 기초연금은 경제성장과 연금제도의 혜택을 받지 못한 고령층에 집중해야 할 필요가 있다. 현재의 기초연금은 전체 고령층의 70%를 대상으로 월 30만원가량을 지급하는 방식으로 운영되고 있다. 그러나 전체 고령자 규모가 증가하고 경제적으로 지원이 덜 필요한 세대가 고령층에 진입함에 따라, 현행 기초연금의 재정적 부담이 사회적 필요 이상으로 확대될 우려가 있다. 따라서 기초연금의 지속가능성을 위해 제도를 재구조화하여 취약계층에 한정해 두텁게 지원하는 방향으로의 전환이 필요하다. 현재 기초연금은 소득평가액과 재산의 소득환산액의 합인 소득인정액을 지급 기준으로 하여 하위 70%에 해당하는 고령층에게 연금을 지급하고 있다. 이와 같은 방식보다는 소득인정액의 절대적인 상한선을 정하여 상한선 이하의 고령층에 한정하여 기초연금을 지급해야 한다. 이를 위해 향후 소득인정액의 상한선 및 기초연금의 수급대상을 정의하고 그 지원규모를 결정하기 위한 후속연구가 필요하다. 이와 같은 방식으로의 전환은 자연스럽게 경제성장과 연금제도의 수혜를 받지 못한 1950년 이전 출생 세대에게 기초연금을 통해 더 많은 혜택을 받을 수 있게 할 수 있다. 또한 소득이 부족하나 자산이나 소비로는 빈곤하지 않은 고령층의 경우 자연스럽게 기초연금 지원대상에서 제외되어 보유자산 활용에 대한 유인을 제공할 수 있다.

제1장

서 론[1]

우리나라의 심각한 노인빈곤은 사회문제로 대두되고 있다. 노인빈곤을 측정하는 가장 대표적인 지표는 빈곤의 규모를 나타내는 노인빈곤율이다. 처분가능소득 기준으로 계산한 노인빈곤율은 2016년 43.6%에서 2021년 37.7%로 다소 감소하였으나 여전히 높은 수준이다. 다른 나라와 비교해도 우리나라의 노인빈곤율은 최고 수준이다. OECD(2019)에 따르면, 2018년 기준 우리나라의 노인빈곤율은 43.4%로 OECD 회원국 중 가장 노인빈곤율이 높다. OECD 회원국들의 평균 노인빈곤율은 13.1%로 우리나라의 노인빈곤율은 OECD 평균보다 3배 이상 높은 수치로 나타났다. 일반적으로 노인빈곤율은 근로장년층 빈곤율보다 다소 높게 나타나지만, 우리나라는 이례적으로 노인빈곤율이 근로장년층 빈곤율보다 현저히 높게 나타난다.

그러나 소득만을 이용하여 계산된 노인빈곤율로는 우리나라 고령층의 경제적 상황을 정확히 파악할 수 없다. 첫 번째 이유는 우리나라의 노후소득보장체계가 미성숙하기 때문이다. 우리나라의 대표적인 노후소득보장체계는 국민연금이다. 그러나 국민연금은 도입 시기가 늦고 가입의 사

1 본 보고서의 제2장과 제4장은 이승희, 「소득과 자산으로 진단한 노인빈곤과 정책방향」, KDI FOCUS 제126호(2023. 9. 25)에 요약된 형태로 게재된 바 있으며, 이를 보고서 형식으로 확대 및 수정, 보완한 것임을 밝힌다.

각지대가 넓다. 이에 따라 현재 고령층의 소득 중 공적연금이 차지하는 비중은 다른 국가들에 비해 낮다. OECD Income Distribution Database (2021)에 따르면, 2018년 기준 고령층의 소득 중 이전소득이 차지하는 비중은 OECD 평균이 57.1%인 데 반해 우리나라는 25.9%로 절반 수준에 머물고 있다. 반면, 고령층의 소득 중 자본 기반 소득의 비중은 22.1%로 OECD 평균인 9.9%에 비해 높게 나타난다. 통계청 사회조사(2023)에서도 이와 관련하여 현재 고령층이 자산에 기반하여 노후를 준비하고 있다는 응답이 높게 나타난다.[2] 반면, 가장 대표적인 노후소득보장체계인 국민연금을 활용하여 노후 준비를 하고 있다는 응답자의 비중은 60세 이상에서 52.4%로, 전체 평균인 59.1%보다 낮다.

두 번째 이유는 물질적 웰빙이 소득에 의해서만 결정되는 것이 아니라는 점이다. 물론, 소득은 빈곤을 측정하는 가장 보편적인 수단으로 활용되고 있다. 가장 대표적인 이유는 소득이 물질적인 결핍을 해소할 수 있는 최소한의 수단들을 구매하고 소비하는 데 필수적이기 때문이다. 그러나 소비는 소득뿐만 아니라 자산에 의해서도 결정된다. 가령 모딜리아니의 생애주기가설을 생각해 보면, 개인은 평생의 소득과 자산을 생애 전반에 걸쳐 효율적으로 분배하여 소비하며 소득이 낮은 노년기에는 저축을 활용하여 소비하게 된다. 이와 관련하여 OECD에서 정기적으로 발행하는 *How's Life?*를 참고할 수 있다. OECD는 이 발간물에서 회원국들의 웰빙을 다양한 차원에서 측정하여 제시한다. 이 중 물질적 웰빙을 측정할 때 소득과 자산을 함께 고려하고 있다. 이는 경제적으로 취약한 계층을 식별하기 위해서는 소득뿐만 아니라 전반적인 물질적 웰빙을 보아야 함을 시사한다.

따라서 본 연구에서는 고령층의 경제적 상황을 종합적으로 분석하기 위해 소득 이외에 소비를 추가적으로 활용하고자 한다. 소득과 소비는

---

2 통계청의 2023년 사회조사에 따르면, 노후 준비 방법에 대한 질문에 60세 이상에서 금융자산(예금·적금 18.4%)이나 부동산과 같은 실물자산(부동산 운용 8.1%, 주택연금 2.9%)이라고 응답한 비중이 전체 연령대 평균 응답 비중(예금·적금 15.7%, 부동산 운용 4.9%, 주택연금 1.3%)보다 높다. 전체 연령대의 노후 준비 여부 및 방법은 부록에 부표로 수록하였다.

무엇을 측정하는지에서 중요한 차이점이 있다. 먼저 소득은 '무엇을 얼마나 구매할 수 있는지'에 대한 것으로, 구매 가능한 재화와 서비스를 측정한다. 반면, 소비는 '실제 무엇을 얼마나 구매하였는지'에 대한 것으로, 구매한 재화와 서비스를 측정한다. 따라서 소비는 소득보다 물질적인 부족을 더 잘 측정하고 측정오차와 과소신고가 적기 때문에 빈곤을 평가하는 데 우월할 수 있다(Meyer and Sullivan, 2003). 우리나라에서는 소비를 활용한 빈곤 연구는 적은 편이고, 주로 소비지출을 활용하여 빈곤을 측정한 연구가 대다수이다(한국보건사회연구원, 『빈곤통계연보』; 남상호, 2013; 김태완 외, 2020). 반면, 미국에서는 소비를 활용하여 빈곤을 분석하는 연구가 활발히 이루어지고 있다(Meyer and Sullivan, 2003; 2012; Fisher *et al.*, 2009; Armstrong *et al.*, 2022; Fitzgerald and Moffitt, 2022). 특히 미국 노동통계국(Bureau of Labor Statistics: BLS)에서도 소득 빈곤지표 외에 소비 빈곤지표를 보조적으로 활용하고자 하고 있으며, 이에 관한 연구를 진행하고 있다(Armstrong *et al.*, 2022). 이 외에도 소비는 거주주택과 같은 내구재에 대한 소비를 포함한다는 특징이 있다. 따라서 소비를 활용하면 소득만으로는 포착할 수 없던, 자산 대부분이 부동산에 치중된 우리나라 고령층의 현재 경제적 상황을 보다 잘 반영할 수 있다.

이와 같은 접근방법은 최근 빈곤 연구 동향을 반영한다. 최근 연구들은 빈곤이 다차원적인 문제라는 인식을 바탕으로 하고 있고, 이에 대한 연구가 활발히 진행되고 있다(남상호, 2016; 윤석명 외, 2017; Maasoumi and Racine, 2016; Dorn *et al.*, 2023). 과거에는 주로 소득이 일정 수준 이하인 절대적 빈곤을 중심으로 많은 연구가 진행됐다. 그러나 경제발전과 함께 사용할 수 있는 양질의 데이터가 많아졌다. 이에 따라 우리나라를 포함한 경제발전을 이룩한 선진국들에서 빈곤은 이제 상대적인 개념으로 인식되고 있다. 또한 빈곤이 소득의 부족이라는 한 차원의 문제가 아닌 자산, 주거여건, 여가시간, 건강 등의 복합적인 다차원의 문제라는 인식에 이견이 존재하지 않는다.[3] 따라서 소득만을 이용하여 고령층의 경제적

---

3 빈곤이 다차원적인 문제라는 관점에서, 본 연구는 경제적 차원이 아닌 건강이나 여가시간 등을 고려하지 못하여 고령층의 빈곤을 종합적인 관점에서 분석하지 못한 한계가 존

상황을 평가하는 것은 자산, 주거여건 등 다른 측면을 고려할 수 없어 불충분할 가능성이 높다.

본 연구에서는 소득과 소비를 함께 고려하여 고령층의 경제적 상황을 종합적으로 평가하여 고령층 내 취약층을 식별하고 이를 바탕으로 노인빈곤 완화 정책의 방향성을 모색해 보고자 한다. 소득으로만 평가했을 때는 우리나라 고령층 중 약 40% 정도가 빈곤층에 속한다. 빈곤은 물질적인 결핍상태를 의미한다. 따라서 이와 같은 수치는 소득으로만 평가했을 때 고령층 중 경제적 취약계층의 비율이 10명 중 4명 정도인 것을 의미한다. 그러나 이런 고령 빈곤층 내에서도 보유자산 규모나 현재 소비수준이 매우 다를 가능성이 높다. 가령 소득이 적고 자산이 많은 고령층의 경우 자산을 활용하여 소비를 하고 있을 수 있으나, 이는 소득에 포함되지 않는다. 따라서 소비를 추가적으로 활용하여 고령층 내에서 정책적 지원이 시급한 취약계층을 식별하는 것이 필요하다. 특히 경제학에서의 항상소득가설에 따르면, 소비는 항상소득에 의해 결정된다. 이는 소비 기준 빈곤 고령층은 오랜 기간 동안 적은 소비를 해왔을 가능성이 크다. 이는 이러한 고령층이 물질적인 결핍상태에 오래 놓여 있었을 가능성이 크다는 것을 시사한다. 이와 같이 식별된 고령층 내 취약계층을 바탕으로 앞으로의 노인빈곤 완화 정책이 어떤 방향으로 나아가야 할지를 모색해 보고자 한다. 현재 가장 대표적인 노인빈곤 완화 정책은 기초연금이다. 기초연금은 현재 고령층의 70%를 대상으로 하고 있다. 그러나 앞으로 인구구조가 고령화됨에 따라 고령층의 절대규모가 증가하기 때문에 현 제도하에서의 재정부담은 2020년 17조원에서 2050년 122조원으로 크게 커질 것으로 전망된다(류재린 외, 2022). 따라서 향후 기초연금은 취약계층에 집중하여 지원대상을 축소하고 지원규모는 늘릴 필요가 있다.

본 연구는 다음과 같이 구성된다. 다음 장에서는 먼저 소득과 자산을 중심으로 우리나라의 노인빈곤 현황을 살펴본다. 이어 제3장에서는 소

재한다. 그러나 연구의 주요 목적이 고령층의 경제적 상황을 평가하여 경제적인 취약계층을 식별하는 것이므로 소득, 소비, 자산과 같은 경제적인 차원에 한정하여 노인빈곤을 분석하였다.

득과 소비를 함께 이용하여 우리나라의 노인빈곤을 분석한다. 제4장에서는 그동안의 논의를 바탕으로 현재 고령층 내의 세대 간 차이를 고려하여 노인빈곤을 분석하고 정책방향을 모색한다. 제5장에서는 결론을 제시한다.

제2장

우리나라의 노인빈곤 현황

본 장에서는 소득과 자산을 중심으로 우리나라의 노인빈곤 현황을 살펴본다. 먼저 제1절에서는 전반적인 현황을 개관하고, 제2절에서는 소득과 자산을 함께 고려하여 현재의 노인빈곤을 살펴본다.

제1절 고령층의 빈곤 현황

앞서 소개한 바와 같이 우리나라의 노인빈곤율은 점차 낮아지고 있으나 여전히 OECD 회원국 중 가장 높은 수준이다. 일반적으로 노인빈곤율은 전체 만 65세 이상 고령층 중 균등화 소득이 전체 국민 균등화 소득 중윗값의 50% 이하에 해당하는 고령층의 비율로 계산한다. 균등화 소득은 일반적으로 가구 소득을 가구원 수의 제곱근으로 나눈 소득을 의미한다.[4] 이와 같은 방식으로 계산된 빈곤율은 상대빈곤율이다. 상대빈곤율은

4 빈곤선을 정의하는 방법은 중윗값의 50% 이외에도 60% 등 다양한 방법을 고려할 수 있다. 소득을 균등화하는 방법에도 다양한 방법이 존재한다. 가구원 수의 제곱근으로 가구 소득을 나누어 주는 방법이 가장 일반적인 방법이나, 가구 유형에 따라 균등화 방법을 달리 적용하는 방법도 널리 활용되고 있다. Armstrong *et al*.(2022)은 미국의 가구 유형을 3가지로 나누어 가구 유형별로 다른 균등화 방법을 활용하였다. 구체적으로 자녀 없이 성인들로만 구성된 가구는 성인 수의 제곱근으로 균등화하였다. 한부모가정의 경우 '성인 수(=1) + 0.5 × 첫째 자녀 + 0.8 × 다른 자녀 수$^{0.7}$'를 이용하여 균등화하였다. 두

[그림 2-1] 우리나라의 노인빈곤율(2016~21년)

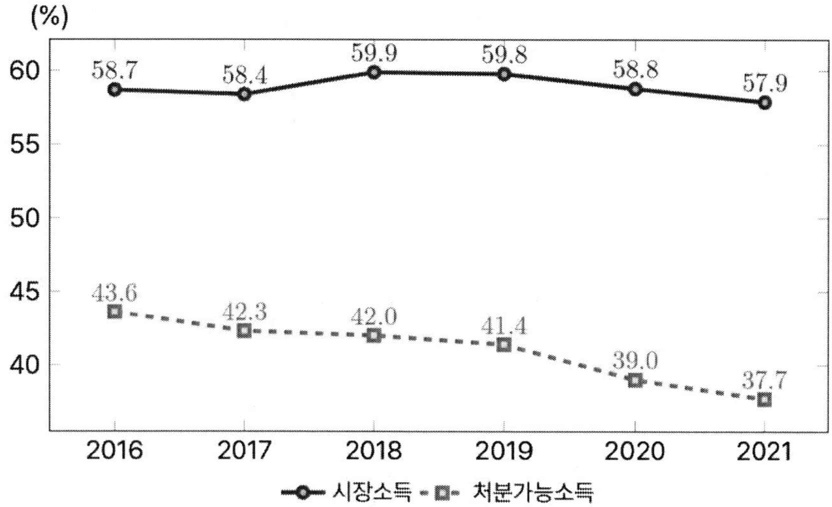

자료: 「가계금융복지조사」(2017~22)를 이용하여 저자 계산.

경제발전이 많이 이루어진 선진국들에서 빈곤을 평가하는 가장 보편화된 방법이다. [그림 2-1]은 가계금융복지조사에서 두 종류의 소득을 이용해 계산한 노인빈곤율을 보여준다. 가계금융복지조사는 우리나라의 공식 소득분배지표 작성에 활용되고 있다. 또한 조사연도 기준으로 2017년부터 소득과 비소비지출을 행정자료로 보완하여 조사자료가 가지는 한계를 보완했다. [그림 2-1]에서 정의된 소득 중 첫 번째 소득은 시장소득이다. 시장소득은 개개인이 정부의 정책적 개입 없이 벌어들일 수 있는 모든 소득을 합산한 것이다. 이는 근로소득, 사업소득, 재산소득, 사적이전소득에서 사적이전지출을 제한 부분의 합으로 정의된다.[5] 두 번째 소득은 처분가능소득이다. 처분가능소득은 시장소득에 더해 추가적으로 정부의 정책

경우에 해당하지 않는 가정은 '성인 수 + 0.5 × 자녀 수$^{0.7}$'를 이용하여 균등화하였다. 그러나 본 연구에서는 소득이나 자산을 추가적으로 고려했을 때 노인빈곤율이 어떻게 변화하는지를 분석하기 위해서 OECD와 통계청에서 이용하고 있는 방법을 따라 소득 중윗값의 50%를 빈곤선으로 정의하고 가구원 수의 제곱근으로 가구 소득을 나누어 균등화하였다.

5 본 연구에서의 소득의 정의는 한국보건사회연구원에서 매년 발간하는 『빈곤통계연보』의 빈곤통계 생산 방법을 따른다.

에 의한 변화분을 포함한다. 즉, 시장소득과 공적이전소득에서 공적이전지출을 제한 부분을 합하여 계산된다.[6] [그림 2-1]에서의 시장소득 기준 빈곤율은 2016년 58.7%에서 2021년 57.9%로, 감소하지 않고 50%대 후반 수준에서 정체되어 있다. 반면, 처분가능소득 기준 빈곤율은 2016년 43.6%에서 2021년 37.7%로 점차 감소하는 추세를 보인다. 시장소득과 처분가능소득의 가장 큰 차이는 정의에서 나타나듯이 정부의 정책 개입 여부이다. 따라서 시장소득 기준 빈곤율은 감소하지 않았지만 처분가능소득 기준 빈곤율만 감소한 것은 정부의 정책적인 노력에 기인한 것으로 볼 수 있다.[7]

우리나라의 높은 노인빈곤율은 다른 OECD 회원국들과 비교하면 더 두드러진다. OECD Income Database에 따르면, 앞서 서론에서 소개한 바와 같이 2018년 우리나라의 처분가능소득 기준 노인빈곤율은 43.4%로 OECD 평균인 13.1%보다 세 배가량 높다. [그림 2-2]에서는 OECD 회원국의 청・장년층 빈곤율과 노인빈곤율을 비교한다. [그림 2-2]에서 가로축은 청・장년층 빈곤율을, 세로축은 노인빈곤율을 나타낸다. 그림에서 볼 수 있듯이 일반적으로 노인빈곤율은 청・장년층 빈곤율에 비해 다소 높게 나타난다.[8] 이는 나이가 들면서 생애 주된 직장에서 은퇴하거나 근로시간을 줄여 근로소득이 감소하는 경향이 있음을 감안할 때 일견 당연해 보인다. 그림에서 우리나라를 보면 두드러지는 특징이 두 가지 있다. 첫째, OECD 회원국 중 노인빈곤율이 가장 높기에 가장 위쪽에 위치한다는 점과, 둘째, 청・장년층 빈곤율과 노인빈곤율 간 차이가 가장 크게 나타난다는 점이다. 우리나라와 같이 추세선에서 많이 벗어나 있는 국가는 북동유럽의 발트 3국(에스토니아, 라트비아, 리투아니아)과 동유럽의 불가리아 정도이다.[9] 우리나라의 청・장년층 빈곤율과 노인빈곤율 간의 이

---

6 가장 대표적인 공적이전소득은 국민연금과 기초연금으로, 이들은 고령층의 소득 흐름 보장에 중요한 역할을 한다. 각종 조세와 사회보험료(건강보험, 고용보험 등)는 공적이전지출에 해당한다.

7 제4장에서 후술하겠지만, 이는 상대적으로 덜 빈곤한 1950년대생의 고령층 내 비중이 커졌기 때문으로 보인다.

8 [그림 2-2]에서 실선으로 표현된 추세선과 점선인 45°선을 비교하여 파악할 수도 있다.

[그림 2-2] OECD 회원국의 청·장년층 빈곤율과 노인빈곤율(2019년)

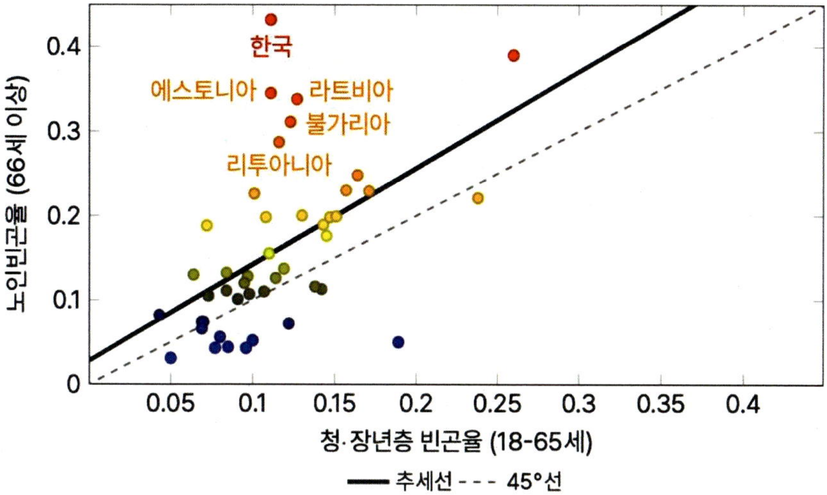

주: 국제 비교를 위해 2019년 빈곤율을 기준으로 하였으나 2019년 빈곤율이 가용하지 않은 국가들은 다음 연도의 빈곤율을 이용하여 작성함(중국, 인도 2011년; 브라질 2016년; 칠레, 아이슬란드, 러시아, 남아프리카공화국 2017년; 아일랜드, 이탈리아, 일본, 폴란드 2018년; 호주, 멕시코 2020년).

자료: OECD Income Distribution Database를 이용하여 저자 계산.

례적인 큰 차이는, 소득만으로는 우리나라 고령층의 경제적 상황을 정확히 평가하지 못할 가능성을 시사한다.

현재 고령층의 경제적 상황을 더 정확히 파악하기 위해서 소득과 자산을 세세하게 살펴볼 필요가 있다. [그림 2-3]은 OECD Pensions at a Glance를 이용하여 고령층의 소득을 크게 이전소득,[10] 근로소득,[11] 자본소득[12] 세 가지로 분류하여 각 소득의 구성 비율을 통해 OECD 회원국 고령층의 소

9 이 국가들은 1990년 전후로 민주화(발트 3국은 1991년 노래혁명으로 소련으로부터 독립, 불가리아는 1989년 동유럽 혁명으로 민주화)가 이루어졌고, 그 이후에 급속도로 경제성장이 이루어졌다는 공통점이 있다. 이에 대한 내용은 제4장에서 간략히 다루겠다.

10 Pensions at a Glance(OECD, 2021)에서의 이전소득은 연금을 포함하는 공적이전소득(public transfers)과 사적연금(private occupational transfers)으로 구분되어 있다. 본 연구에서는 이 둘의 합을 이전소득으로 정의하였다.

11 Pensions at a Glance(OECD, 2021)에서의 근로소득은 「가계금융복지조사」의 근로소득과 사업소득을 모두 포함한다.

12 Pensions at a Glance(OECD, 2021)에서의 자본소득은 개인연금과 연금을 제외한 저축으로부터의 수익으로 정의하고 있다.

[그림 2-3] OECD 회원국 고령층의 소득 구성(2021년)

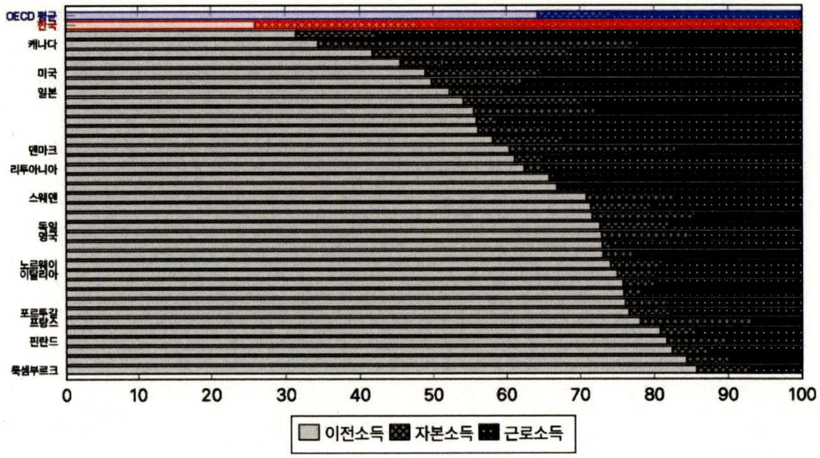

자료: OECD, Pensions at a Glance(2021)를 이용하여 저자 가공.

득 구성을 나타낸다. 우리나라 고령층의 소득 구성을 OECD 회원국 평균 수준과 비교하면 1) 이전소득의 비중이 낮고(우리나라 25.9%, OECD 평균 64.2%), 2) 자본소득과 근로소득의 비중이 높다(우리나라 각각 22.1%, 52%, OECD 평균 각각 9.9%, 25.8%). 이전소득 중 공적이전소득만 보면, 평균적으로 OECD 회원국 고령층의 소득 중 57.1%가 공적이전소득이다. 반면, 우리나라 고령층의 소득 중 공적이전소득이 차지하는 비중은 25.9%[13]로 OECD 평균의 절반 수준에 불과하다. 우리나라 고령층 소득 중 근로소득의 비중은 52%로 전체 소득의 절반 정도를 차지한다. 이는 OECD 회원국 평균인 25.8%의 두 배가량 되는 수치이고, 순위로 따져보아도 멕시코 다음으로 높은 수치이다. 이는 결국 현재의 노후소득보장체계가 고령층에게 안정적인 소득을 충분히 보장해 주지 못하기 때문에 고령층이 생활비 마련을 위해 근로를 해야만 하는 상황으로 내몰리고 있을 가능성이 높음을 시사한다. 한편, 우리나라 고령층의 소득 중 자본소득이

13 Pensions at a Glance(OECD, 2021)에서는 우리나라 고령층의 소득 중 사적연금이 차지하는 비중을 0%로 제시하고 있다. 따라서 이전소득은 모두 공적이전소득에 해당한다. 사적이전소득은 OECD Income Distribution Database에 포함되어 있지 않기에 해석에 주의할 필요가 있다.

차지하는 비중은 22.1%로, OECD 평균인 9.9%의 두 배 이상이다. 이는 앞서 서론에서 언급한 바와 같이 우리나라의 고령층이 노후소득보장체계의 미비로 자산을 활용한 노후 대비를 했을 가능성이 있음을 보여준다.

<표 2-1>은 2017~22년[14] 가계금융복지조사를 바탕으로 파악한 우리나라 고령가구의 평균적인 자산 구성[15]을 나타낸다. 순자산은 총자산에서

<표 2-1> 고령가구의 자산 구성(2016~21년)

(단위: 만원, %)

연도	순자산	총자산	실물자산			금융자산
				부동산	그외	
2016	30,767	34,946	(83.8)	(80.8)	(3.0)	(16.2)
2017	33,676	37,787	(83.6)	(80.0)	(3.6)	(16.4)
2018	33,571	37,830	(83.6)	(80.3)	(3.3)	(16.4)
2019	34,954	39,426	(83.0)	(80.2)	(2.8)	(17.0)
2020	41,048	45,615	(83.7)	(80.9)	(2.8)	(16.3)
2021	45,364	50,289	(85.1)	(82.4)	(2.7)	(14.9)

자료: 「가계금융복지조사」(2017~22).

<표 2-2> 해외 주요 국가 고령가구의 자산 구성

(단위: %)

	이탈리아 ('16)	독일 ('17)	핀란드 ('16)	호주 ('18)	노르웨이 ('20)	영국 ('19)	미국 ('19)
부동산	75.8	73	71.4	67.9	65.8	60.4	38.7
기타 실물	10.7	9.7	3.8	10.2	6.1	15.7	19.1
금융자산	13.4	17.3	24.8	21.8	28	23.9	42.2

자료: 룩셈부르크 소득연구의 LWS(Luxembourg Wealth Study) DB.

14 가계금융복지조사에서 소득은 조사연도 바로 직전 한 해 동안의 소득을 조사한다. 한편, 자산의 경우는 조사연도 3월 시점의 보유자산을 기준으로 하고 있다. 예를 들어 2017년 가계금융복지조사에서 조사된 소득은 2016년의 소득이고, 이때의 자산은 2017년 3월에 보유하고 있는 자산이다. 자산의 경우, 분석을 엄밀하게 하기 위해서 조사연도 3월 시점이 아닌 전년도 말의 자산을 이용해야 한다. 그러나 이 시점의 자산은 관측이 불가능하기 때문에 본 연구에서는 조사연도 3월의 자산이 전년도 말의 자산과 유사하다고 가정하였다.

15 고령가구는 가구주 연령이 만 65세 이상인 가구를 의미한다. 자산의 경우 모든 가구원이 자산을 공유하므로 가구 단위의 통계를 분석하는 것이 더 일반적이다.

부채를 제한 금액을 뜻한다. 고령가구의 경우 평균적으로 순자산과 총자산 간의 차이가 크지 않다. 이는 평균적으로 고령가구의 부채가 거의 없다는 것을 의미한다. 자산규모로 본다면, 우리나라의 고령가구는 평균 3억 5천만원~5억원 정도의 총자산을 가지고 있다. 이 중 대부분은 실물자산(특히 부동산)이다. 전체 자산 중 부동산이 차지하는 비중은 80%가 넘는다. 반면, 저축을 포함한 금융자산의 비중은 15% 내외로 낮게 나타나고 있다. 유동성의 측면에서 비교했을 때 금융자산은 실물자산에 비해 현금화가 쉬워 유동성이 높다. 따라서 고령층이 소득이 부족한 경우 소비를 위해 현금화하기 좋은 자산은 금융자산이다. 그러나 우리나라 고령층의 자산 대부분은 부동산에 치우쳐 있어 현금화가 쉽지 않다. 부동산은 안정적인 거주를 제공하는 점에서 고령층에게 중요한 자산이지만 부동산 자산의 편중화는 굉장히 극심한 수준으로 보인다. <표 2-2>는 룩셈부르크 소득연구 DB 중 자산에 관한 LWS(Luxembourg Wealth Study) DB를 이용하여 파악한 해외 주요 국가들의 고령가구 자산 구성을 나타낸다. 룩셈부르크 소득연구는 각국의 소득 및 자산에 대한 마이크로데이터를 수집하여 소득과 자산에 대한 국제 비교 분석에 널리 이용되고 있다. 이탈리아와 독일의 경우 우리나라와 유사하게 부동산 비율이 높고 금융자산 비율이 낮게 나타난다. 그러나 그 외 대부분의 국가에서는 유동성이 높은 금융자산의 비중이 우리나라보다 높게 나타나고 있다. 우리나라 고령층의 보유자산 대부분이 부동산에 치중되어 있는 특수성을 감안할 때, 금융소득 등의 재산소득만으로는 보유한 자산을 정확히 파악할 수 없다. 따라서 보유한 자산을 소득화하는 방법 등을 이용하여 경제적 상황을 종합적으로 평가할 필요가 있다.

제2절 소득과 자산으로 본 노인빈곤[16]

자산을 소득과 함께 활용하여 노인빈곤을 분석하는 방법으로는 크게 두 가지가 있다. 첫 번째는 소득과 자산 각각의 차원에서 빈곤층을 정의하고 이 둘을 결합하는 방법이다. 우리나라의 관련 연구로는 윤석명 외(2017)가 가장 대표적인 연구이다. 윤석명 외(2017)에서는 빈곤을 소득, 자산, 주거의 다차원 문제로 접근하였다. 분석 결과, 소득 기준으로 빈곤한 고령층 중 절반 이상은 자산과 주거 차원에서는 빈곤하지 않은 것으로 나타났다. 이는 우리나라의 고령층이 상대적으로 소득 차원에서는 빈곤하지만 자산과 주거 차원에서는 덜 빈곤함을 보여준다.

두 번째 분석 방법은 자산을 소득화하는 것이다. 이승희(2023a)는 자산을 소득화하는 방법으로 '포괄소득화'와 '연금화'를 고려하였다. 포괄소득은 처분가능소득에 더해 귀속임대료(imputed rent)와 같은 자산으로부터의 암묵적인 소득을 포함하는 개념이다. 여기서 귀속임대료는 자가 소유자가 자신이 거주하고 있는 소유주택에 대해 임대료를 지급하는 것으로 가정했을 때의 금액을 의미한다. 자가 소유자와 월세 세입자를 비교하면 자가 소유자는 월세 세입자에 비해 귀속임대료에 상응하는 금액만큼 소비를 더 증가시킬 수 있다. 물론 귀속임대료는 실제 지불되는 금액이 아니기 때문에 이를 암묵적 소득으로 볼 수 있다. 즉, 포괄소득화는 실제 누리고 있으나 소득에는 포함되지 않는 혜택까지 포함하는 개념이다. 구체적으로 이승희(2023a)는 포괄소득을 다음과 같이 정의하여 노인빈곤을 분석하였다.

$$\begin{aligned}\text{포괄소득} &= \text{처분가능소득} - \text{재산소득}\\ &+ \text{귀속임대료(주거용 부동산, 비주거용 부동산)}\\ &+ \text{금융 자산으로부터의 소득} - \text{이자비용}\end{aligned}$$

---

16 본 절의 내용은 이승희, 「소득・자산을 고려한 노인빈곤 분석」; 이영욱 외, 『자산을 고려한 노인빈곤 현황 및 정책 시사점』, 기획재정부 용역보고서, 2023a의 내용을 요약 및 재구성하여 작성되었음을 밝힌다.

수식 우변에서 처분가능소득에서 재산소득을 제외하는 것은 자산으로부터 얻는 소득을 중복으로 계산하지 않기 위함이다. 귀속임대료의 경우에는 주거용 부동산과 비주거용 부동산 각각에 대해 다른 방법을 적용하여 귀속임대료를 계산하였다.[17,18] 마지막으로 금융자산으로부터의 소득은 「가계금융복지조사」의 금융자산으로부터의 소득을 그대로 이용하였다. 이자비용을 제외하는 것은 부채로 인한 비용을 고려하기 위해서이다. 이와 같은 방식은 우리나라 고령층의 자산이 부동산에 치중되어 있는 것을 반영하여 고령층의 경제적 상황을 평가할 수 있는 한 방법이다.

또 다른 자산의 소득화 방법은 연금화이다. 연금화와 포괄소득화의 가장 큰 차이점은 자산 소모 여부이다. 대표적인 연금화 방법은 총자산에서 부채를 제외한 순자산을 연금화하여 남은 기대여명 동안 지급되는 지급금을 소득에 포함하는 방법이다. 즉, 연금화는 역모기지 등 보유자산을 활용하여 누릴 수 있는 혜택을 포함하는 개념이다. 따라서 포괄소득화는 자산을 소모하지 않는 상태에서 현재 고령층의 경제적 상황을 평가하는 방법이라고 할 수 있다. 연금화는 자산을 활용하여 도달할 수 있는 경제적 수준을 평가하는 방법으로 볼 수 있다.

[그림 2-4]는 자산의 소득화에 따른 노인빈곤율을 나타낸다. 자산을 소득화하여 계산한 노인빈곤율은 처분가능소득 기준 노인빈곤율에 비해 낮은 수치를 보인다. 처분가능소득 기준 노인빈곤율과 비교하면 포괄소득화하여 계산한 노인빈곤율은 7~8%p 낮고,[19] 연금화하여 계산한 노인빈곤

---

17 구체적으로, 주거용 부동산의 경우에는 임대료 상당액 방법을 적용하여 계산하였고, 비주거용 부동산의 경우에는 사용자 비용 방법을 적용하였다. 구체적인 귀속임대료 산정 방법은 부록에 수록하였다. 이와 같이 부동산 유형에 따라 다른 귀속임대료 계산 방법을 적용한 이유는 「가계금융복지조사」에서 비주거용 부동산에 대한 정보가 주거용 부동산에 비해 제한되어 있기 때문이다.

18 거주주택인 주거용 부동산은 일반적으로 이로부터 소득이 발생하지 않기에 귀속임대료를 계산하여 암묵적 소득을 포착할 수 있다. 건물, 토지와 같은 비주거용 부동산은 일반적으로 소득이 발생하는 부동산이다. 그러나 이로부터 발생하는 재산소득을 제외하고 따로 귀속임대료를 계산하여 포함한 이유는 일부 활용되고 있지 않은 비주거용 부동산으로부터의 암묵적 소득을 포함하기 위함이다.

19 2022년 「가계금융복지조사」 기준 처분가능소득 빈곤선은 1,587만원인 데 비해 포괄소득 빈곤선은 1,890만원으로 두 빈곤선 간의 차이는 약 300만원 수준이다(이승희, 2023a).

[그림 2-4] 자산의 소득화에 따른 노인빈곤율(2016~21년)

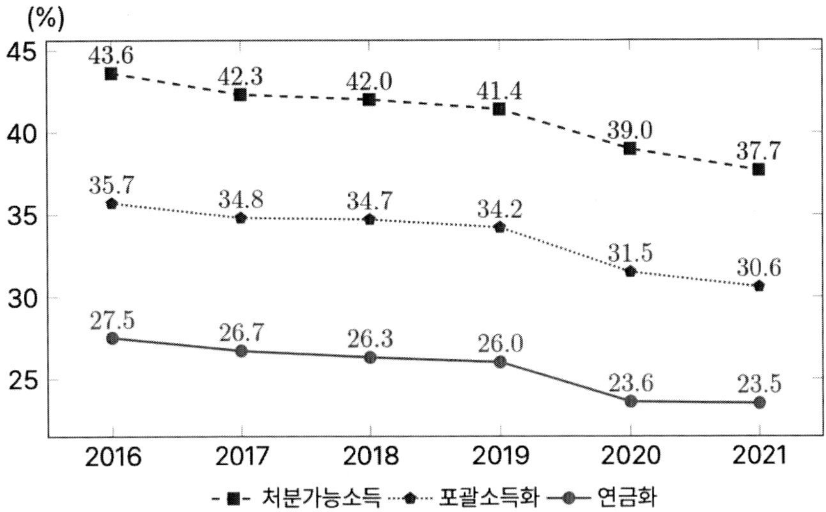

주: 1) 포괄소득화는 자산으로부터의 암묵적인 소득을 포함함.
2) 연금화는 자산을 소모하여 소득화함.
자료: 이승희(2023a)에서 재인용.

율은 14~16%p 낮다. 이는 자산을 추가적으로 고려하여 현재의 경제적 상황만 놓고 평가했을 때, 상당수의 고령층은 빈곤하지 않은 상태이고 자산을 활용한다면 더 많은 수의 고령층이 빈곤에서 스스로 탈출할 수 있음을 시사한다.

이승희(2023b)는 고령층을 네 가지 소득 - 자산 유형으로 분류하고, 저(低)소득 - 저(低)자산 유형을 경제적 취약계층으로 보았다. 고령층을 분류하기 위해 우선 처분가능소득과 포괄소득 각각을 기준으로 빈곤층을 정의하였다. 처분가능소득 기준 빈곤층 중 포괄소득 기준으로도 빈곤한 고령층은 저(低)소득 - 저(低)자산 고령층으로, 그렇지 않다면 저(低)소득 - 고(高)자산 고령층으로 분류하였다. 고(高)소득 - 저(低)자산, 고(高)소득 - 고(高)자산 유형도 유사한 방법[20]으로 정의하였다. [그림 2-5]는 고령층의 유형별 소득-자산 구성 비율의 추이를 나타낸다. 가장 아래에 있는 저(低)

20 처분가능소득 기준으로 빈곤하지 않은 고령층 중 포괄소득으로는 빈곤하다면 고(高)소득-저(低)자산, 모두 빈곤하지 않다면 고(高)소득 - 고(高)자산으로 분류하였다.

[그림 2-5] 고령층의 소득 - 자산 구성 비율(2016~21년)

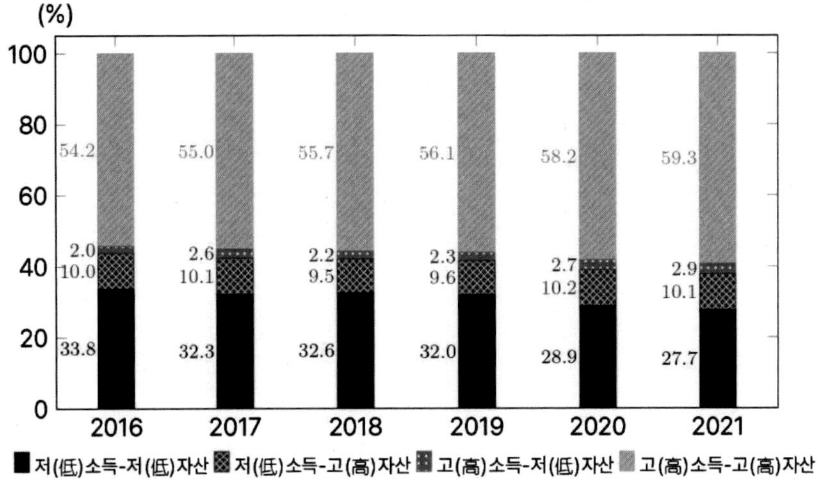

자료: 이승희(2023b)에서 재인용.

소득 - 저(低)자산 취약계층 비율의 경우 2016년 33.8%에서 2021년 27.7%로 감소 추세에 있으나 여전히 전체 고령층의 30% 정도를 차지한다. 저(低)소득 - 고(高)자산 유형의 경우는 매년 10% 정도의 비중을 차지하고 있다. 저(低)소득 - 저(低)자산과 저(低)소득 - 고(高)자산 유형을 합한 것이 처분가능소득 기준 빈곤층임을 생각하면, 일반적인 소득 기준 빈곤층 중 약 10% 정도는 자산을 함께 고려했을 때 빈곤하지 않다고 할 수 있다.

앞서 소개한 바와 같이 우리나라의 노인빈곤율은 OECD 회원국 중 최고 수준이다. 자산을 소득화하여 노인빈곤율을 계산하더라도 여전히 노인빈곤율은 30% 정도로 높아 보인다. 자산을 함께 고려한 노인빈곤율을 해외 주요 국가들과 비교하기 위해 이승희(2023b)는 룩셈부르크 소득연구를 이용하여 해외 주요 국가들의 자산의 소득화에 따른 노인빈곤율을 계산하였다. 국제 비교는 OECD 회원국 중 룩셈부르크 소득연구의 LWS DB에서 자산 데이터를 이용할 수 있는 미국, 호주, 독일, 영국, 이탈리아, 핀란드, 노르웨이 7개국을 대상으로 하였다. [그림 2-6]은 자산의 소득화에 따른 해외 국가들의 노인빈곤율을 나타낸다. 미국, 호주, 영국과 같은 영미계 국가에서는 자산의 소득화에 따른 노인빈곤율의 감소가 상대적으

[그림 2-6] 자산의 소득화에 따른 노인빈곤율 국제 비교(2016~17년)

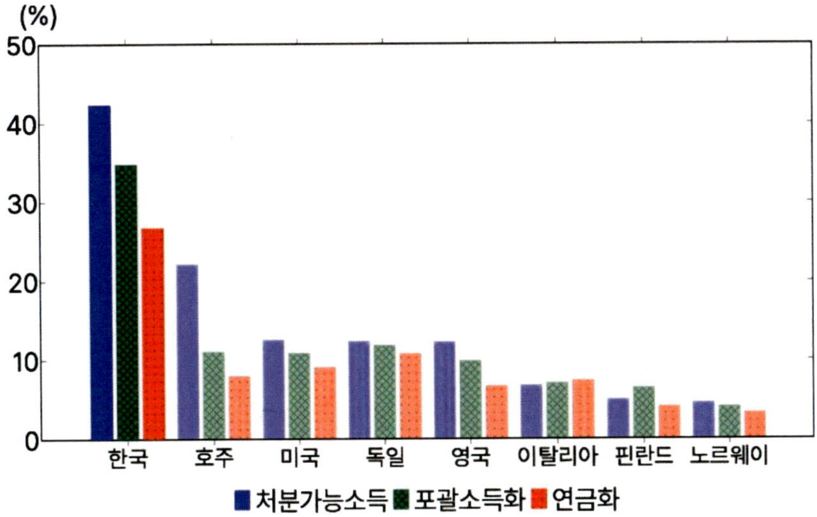

주: 룩셈부르크 소득연구 Wave X 기준. 한국, 독일, 영국은 2017년, 그 외 국가는 2016년 기준.
자료: 이승희(2023b).

로 뚜렷하게 나타났다. 반면, 노후소득보장체계가 성숙한 대륙권 유럽국가에서는 자산의 소득화가 노인빈곤율에 큰 영향을 미치지 않았다. 자산을 소득화하는 경우 우리나라의 노인빈곤율은 해외 다른 국가들에 비해 크게 감소하여 다른 국가들과의 노인빈곤율 차이가 줄어든다. 그러나 자산을 고려하더라도 여전히 우리나라의 노인빈곤율은 높은 편이다. 즉, 이는 고령층의 경제적 상황을 종합적으로 평가하더라도 우리나라의 노인빈곤은 해외 다른 국가들에 비해 심각한 편임을 시사한다.

제3장

소득과 소비를 고려한 노인빈곤

본 장에서는 소득과 소비를 고려하여 우리나라의 노인빈곤을 분석한다. 먼저 제1절에서는 소비의 정의와 함께 소비로 평가한 노인빈곤을 살펴본다. 제2절에서는 소득과 소비를 함께 이용하여 취약계층을 정의하고 취약계층을 중심으로 노인빈곤을 분석한다.

제1절 소비로 평가한 노인빈곤

소비는 가구의 경제적 상태 또는 물질적 웰빙을 평가할 수 있는 가장 직접적인 수단이라고 할 수 있다. 소득이 구매 가능한 재화와 서비스를 측정하는 반면에 소비는 실제 구매한 재화와 서비스를 측정하기 때문이다. 소비를 이용한 많은 연구들은 소비 대신 주로 소비지출을 이용한다. 그러나 엄밀한 의미에서 소비와 소비지출은 동일하다고 할 수 없다. Meyer and Sullivan(2003)은 빈곤층 분석을 위해 소비를 활용한 가장 대표적인 연구이다. Meyer and Sullivan(2003)에서는 지출을 '가계가 지불하여 최종적으로 가계 밖으로 유출된 금액'으로 보았다. 이러한 관점에서 소비지출은 식료품비, 주거비 등 지출 항목 중 소비에 해당하는 항목으로 볼 수 있다. 반면, 경제학에서의 소비는 '개인이 자신의 욕구를 충족

<표 3-1>「가계금융복지조사」의 소비지출 항목

항목	참고내용
1. 식료품	곡물, 빵류, 떡류, 육류, 유제품, 채소, 조미식품, 비주류 음료, 외식비(식당, 패스트푸드, 주점, 커피숍) 등
2. 주거비	월세, 주거관리비(주택 수선비 포함), 상하수도료, 전기료, 난방비 등
3. 교육비	정규교육, 어린이집, 학원이나 보습교육(사교육), 기타교육 등의 서비스 등
4. 의료비	의약품(영양보조제 등), 의료용소모품(마스크 등), 외래의료서비스, 입원서비스, 치과서비스 등
5. 교통비	차량유지비(연료비, 수리비 등)나 대중교통비 등(자동차 구입비 제외)
6. 통신비	통신장비(전화기기), 통신서비스(일반전화 요금, 휴대전화 요금, 인터넷 이용료) 등
7. 기타 소비지출	오락·문화, 의류·신발, 가정용품·가사서비스, 숙박, 담배 등 1~6에 포함되지 않는 지출
① 오락·문화	운동, 공연, 단체여행비, 취미용품(TV, 오디오, 컴퓨터, 사진기 등 포함) 등에 대한 지출
② 의류·신발	의복, 교복, 신발 등 상품 및 수선·세탁 서비스에 대한 지출
③ 가정용품·가사서비스	가구, 가전기기, 식기류 등의 가정용품 구입 및 가사도우미 등 서비스에 대한 지출
④ ①~③ 이외 소비지출	숙박, 담배, 주류, 이미용서비스, 장신구, 소멸성 보험료 등 ①~③에 포함되지 않는 기타 소비지출

자료: 통계청,「가계금융복지조사」, 2022.

시키기 위해 재화나 서비스를 소모하는 것'을 의미한다. Meyer and Sullivan (2003)은 소비를 '지출에서 시작하나 주택, 차량과 같은 내구재에 대한 지출을 내구재로부터의 서비스에 대한 가치의 흐름으로 대체하고 교육과 같이 투자로 볼 수 있는 항목들을 제외한 것'으로 정의하였다. 즉, 일반적으로 미시조사에서 조사되는 소비지출에는 내구재에 대한 지출이 포함되지 않으나, 경제학에서의 소비의 경우 이를 포함한다는 점에서 두 개념 간 차이가 존재한다. 이 차이를 보다 명확히 하기 위해「가계금융복지조사」의 소비지출 조사 항목을 살펴보자. <표 3-1>은「가계금융복지조사」의 소비지출 조사 항목을 나타낸다.「가계금융복지조사」에서 소비는 조사연도 직전 한 해[21] 동안 가구 생활을 위해 지출된 소비지출을 조사함으로써 파악된다. 「가계금융복지조사」에서 식료품, 의류·신발 등은 소비 중 재화의 전형적인 예로 볼 수 있다. 주거비, 의료비, 교통비, 통신비 등은 소비 중 서비스에 해당할 것이다. 이렇듯 「가계금융복지조사」의 소비지출 항목에서는 굉장히 다양한 소비 항목들의 지출액을 조사하고 있다.[22] 그러나 「가계금융복지조사」에서는 주택이나 차량과 같은 내구재에 대한 지출이나 이미 구입한 내구재로부터 발생하는 서비스의 가치를 조사하지 않는다. 이렇듯 경제학에서의 소비와 미시조사에서 조사되는 소비지출은 동일시되기 어려운 점이 있다.[23]

소득은 직접적으로 관측하기 쉽다. 우리나라의 「가계금융복지조사」는 소득 및 비소비지출을 행정자료로 보완하고 있어 빈곤 분석에 가장 널리 활용되고 있다. 소득과 비교했을 때 소비는 빈곤 분석에 활용하기에 여러 한계가 존재한다. 첫 번째는 조사상의 한계이다. 앞서 소개한 바와 같이 「가계금융복지조사」는 소득과 비소비지출을 행정자료로 보완하여 조사자료가 가지는 한계를 보완하였다. 그러나 소비지출의 경우는 행정자료로 보완할 수 없어 조사자료에만 의존하게 된다. 두 번째로는 주택, 차량과 같은 내구재로부터 발생하는 서비스의 가치를 평가하기 어렵다는 점이다. 이러한 서비스의 가치는 직접적으로 관측이 불가능하기 때문에 측정이 어렵다. 그러나 이러한 한계가 있음에도 불구하고 소비가 소득보다 빈곤 분석에 더 유용할 수 있다. 먼저 소비는 소득보다 더 장기적인

---

21 예를 들어 2017년 「가계금융복지조사」에서 조사된 소비지출은 2016년 한 해 동안의 소비지출이다.

22 소비지출의 경우 「가계금융복지조사」 외에 「가계동향조사」에서도 자세히 조사하고 있어 이를 활용해 소비 기준 노인빈곤율을 포함하여 다양한 소비에 관한 분석을 할 수 있다. 그러나 본 연구에서는 소비 기준 노인빈곤율을 소득 기준 노인빈곤율과 비교하기 위해 「가계금융복지조사」만을 이용하였다. 앞서 언급한 바와 같이 「가계금융복지조사」는 조사연도 기준으로 2017년부터 소득과 비소비지출을 행정자료로 보완하고 있어 우리나라의 공식 소득분배지표에 활용되고 있다. 따라서 통계청에서 발표하는 우리나라의 노인빈곤율은 「가계금융복지조사」를 이용하여 계산되고 있으며, 「가계동향조사」를 이용하여 계산한 결과는 2016년까지만 제공하고 있다. 같은 이유로 한국보건사회연구원에서 매년 발간하는 『빈곤통계연보』도 2019년까지는 「가계동향조사」와 「가계금융복지조사」로 이원화하여 지표를 산출하였으나, 2020년부터는 「가계금융복지조사」로 일원화하여 지표를 산출하고 있다.

23 권규호(2007)에서도 소비에 관한 연구의 제약요인 중 하나로 경제학적 관점에서의 소비와 미시자료에서 조사하는 지출액 간의 괴리를 제시하고 있다.

관점에서 가계의 물질적 웰빙을 포착할 수 있다. 소득은 일시적으로 높아지거나 낮아질 수 있다. 소득을 이용하여 가계의 경제적 상태를 평가할 때는 이러한 소득의 일시적 변화에 크게 영향을 받을 수 있다. 반면, 항상소득가설에 따르면 소비는 소비평탄화를 통해 항상소득에 의해 결정되어 일시적인 소득에 영향을 받지 않는다. 이러한 소비의 특성은 실증적으로도 연구되었고, 이를 활용하여 빈곤과 불평등에 관한 연구가 활발히 진행되었다(Blundell and Preston, 1998; Blundell *et al.*, 2008; 권규호, 2017). 또한 소득은 축적된 자산의 활용이나 금융 신용에 대한 접근성 차이로 인한 소비의 차이를 포착하지 못하는 한계가 있다(Cutler and Katz, 1991). 이러한 소득과 구별되는 소비의 특징은 노인빈곤 분석에서도 굉장히 유용하게 활용될 수 있다(Meyer and Sullivan, 2007). 첫 번째 이유는 앞서 언급한 바와 같이 고령층은 소득은 낮으나 보유한 자산을 활용하여 소비를 할 수 있다는 점이다. 이러한 점에서 소득만을 이용하여 고령층의 경제적 상황을 평가하면 빈곤율을 과대평가할 수 있는 우려가 존재한다. 두 번째 이유는 가장 대표적인 내구재인 주택과 관련해 고령층의 주택보유비율이 높다는 점이다. 통계청에서 행정자료를 활용하여 조사한 2022년 「주택소유통계」[24]에 따르면, 우리나라 전체 주택 소유자 중 60대 이상이 차지하는 비중은 39.1%이다. 이들의 전체 인구 대비 비중이 26.3%임을 감안하면, 고령층의 주택보유비율은 높다고 할 수 있다.

따라서 본 연구에서는 Meyer and Sullivan(2003)의 방법을 따라 소비를 정의하였다. 소비지출에서 개인연금, 교육비 등의 항목을 제외[25]하고 이를 소유주택, 차량을 대여로 환산한 비용과 합하여 소비를 정의했다. 이를 통해 소비지출 중 직접적인 효용을 위해서 지출되는 항목만을 소비에 포함하고, 소비지출에는 포함되지 않은 거주주택이나 차량과 같은 내구재로부터의 서비스의 가치도 소비에 포함하였다. 각종 현물소득의 경우에도 소비한 경우 소비지출에 합산하여 집계한다. 「가계금융복지조사」의

24 2022년 「주택소유통계」의 성·연령별 주택 소유자 통계를 부록에 부표로 수록하였다.

25 이와 같은 지출 항목들은 지출로 인해 직접적인 효용이 증가하지는 않는다. 미래를 대비한 투자의 성격을 갖추고 있는 지출이라고 볼 수 있다.

소비지출 항목 중 직접적인 효용의 증가와 관련이 적은 항목은 교육비이다. 따라서 분석을 위한 소비를 구성하기 위해 우선적으로 「가계금융복지조사」상의 소비지출에서 교육비를 제외하였다.[26]

소비를 구성하는 다른 부분은 소유하고 있는 거주주택, 차량 등 내구재를 대여로 환산한 비용이다. Meyer and Sullivan(2003)에서는 내구재로부터 발생하는 서비스의 가치를 측정하기 위한 방법으로 거주주택, 차량과 같은 내구재를 대여로 환산한 비용을 계산하여 이를 소비에 포함하였다. 소유 거주주택을 비용으로 환산하는 방법과 차량을 비용으로 환산하는 방법은 다르게 적용하였다. 자가 소유자의 거주주택은 거주주택에 대한 임대료인 귀속임대료를 계산하여 이를 연간 비용[27]으로 환산하였다. 거주주택의 귀속임대료를 구하는 방법에는 여러 가지가 있다. 대표적인 귀속임대료 산정 방법으로는 사용자 비용 방법, 임대료 상당액 방법, 헤도닉 가격 모형 등이 있다. 그중 본 연구에서는 임대료 상당액 방법[28]을 이용하여 소유주택의 귀속임대료를 구하였다.[29] 본 연구에서 이용한 임대료 상당액 방법에서의 귀속임대료는 다음 수식과 같이 계산된다.

귀속임대료 = 주택매매가격×매매가격 대비 전세가율×전월세 전환율

임대료 상당액 방법을 통해 계산한 귀속임대료는 다른 귀속임대료 산정 방법에 비해 간단하고, 다른 귀속임대료 산정 방법에 비해 산정된 귀속임대료가 주택가격의 이질성을 잘 설명한다. 실제 분석에서 주택매매가격은 「가계금융복지조사」에서의 주택가격을 이용하였다. 또한 「가계금융복지조사」에서 거주주택의 지역과 유형을 제공하기에 한국부동산원의

---

26 이는 Meyer and Sullivan(2003)의 소비 구성 방법과도 일치한다.

27 본 연구에서 이용한 전월세 전환율을 이용한 임대료 상당액 방법에서는 귀속임대료가 연간 비용으로 계산된다. 강건성 검증을 위해 이용한 헤도닉 가격 모형에서는 귀속임대료가 월세와 같이 월 단위 비용으로 계산된다. 이 경우 연간 비용은 '귀속임대료×12'로 계산하였다. 자세한 내용은 부록에 수록하였다.

28 최경진・임병권(2020)에서 활용한 방법으로, 이승희(2023a)는 자산 유형별 포괄소득화 방법 중 자가 소유자의 거주주택을 이 방법을 이용하여 귀속임대료화하였다.

29 임대료 상당액 방법 외의 귀속임대료 산정 방법은 부록에 수록하였다. 실제 분석에서는 강건성 검증을 위해 다른 귀속임대료 산정 방법도 고려하였으나, 분석 결과는 유사하여 본 방법이 강건한 것으로 나타났다.

매년 3월 기준 주택 유형별, 지역별, 매매가격 대비 전세가율과 전월세 전환율을 이용하였다.[30] 차량을 대여로 환산한 비용은 감가상각을 고려하여 산정하였다. 구체적으로 본 연구에서는 다음과 같은 방법으로 차량비용을 산정하였다.

차량비용 = 현재 차량 평가액 × 감가상각률

감가상각을 기반으로 차량비용을 산정하는 방법은 일반적인 방법이다(Cutler and Katz, 1991; Meyer and Sullivan, 2003). 「가계금융복지조사」에서는 현재 차량 가치를 조사[31]하고 있어 이를 현재 차량 평가액으로 활용할 수 있다. 감가상각률은 Cutler and Katz(1991)와 행정안전부의 「2021년도 기타물건 시가표준액 조정기준」의 차량 잔가율을 참고하여 20%로 설정하였다.[32]

이와 같은 방법으로 가구별 소비를 계산할 수 있다. 빈곤 분석을 위해 소비는 소득과 같은 방법으로 균등화하였다.[33] [그림 3-1]은 2022년 「가계금융복지조사」를 이용해 계산한 연령대별 평균 소득, 교육비를 제외한 소비지출, 그리고 앞에서의 계산 방법으로 계산된 소비를 나타낸다. 소득과 소비지출의 경우 60대까지 일정한 수준을 유지하다가 70대 이후부터 급격히 감소하는 패턴을 보인다.[34] 반면, 소유 거주주택과 차량을 비용으로 환산하여 포함한 소비의 경우 연령대 전반에 걸쳐 보다 일정한 수준을 유지하고 있다. 물론 이는 생애주기 동안의 연령대별 소득을 나타낸 것이 아니라 2022년 「가계금융복지조사」의 표본을 연령대별로 나누어 균등화된 소비를 나타낸 것이기에 소비평탄화(consumption smoothing)를 보이는 것은

---

30 분석에 활용한 통계는 부록에 부표로 수록하였다.

31 행정자료가 아닌 조사자료가 가지는 한계가 있으나, 「가계금융복지조사」에서는 차량 연식 등 차량에 대한 정보를 제공하지 않기에 이를 직접적으로 활용하였다.

32 자세한 내용은 부록에 수록하였다.

33 일반적인 소득 균등화 방법을 따라 소비도 가구 소비를 가구원 수의 제곱근으로 나누는 방법으로 균등화하였다.

34 [그림 3-1]에서의 소득, 소비지출, 소비는 모두 균등화된 값이다. 20대 이하 연령대의 경우 주로 부모와 함께 거주하는 경우가 많다. 따라서 소득이 없더라도 균등화된 부모의 소득이 할당되어 높은 값을 가진다.

[그림 3-1] 연령대별 소득, 소비지출, 소비(2021년)

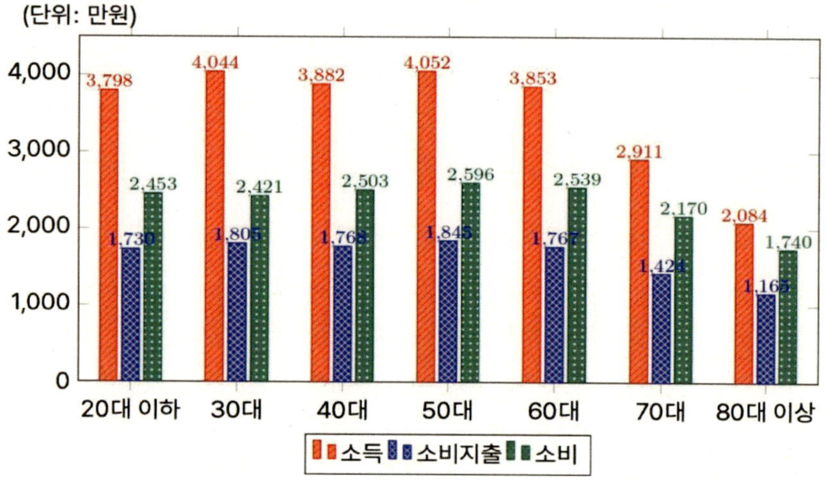

자료: 「가계금융복지조사」(2022)를 이용하여 저자 계산.

아니다. 다만, [그림 3-1]에서 볼 수 있듯이 소비가 소득이나 소비지출에 비해 연령대별 차이가 적은 것을 알 수 있다. 이는 고령층의 경제적 상황을 평가하는 데 소비가 소득이나 소비지출에 비해 우월할 수 있음을 나타낸다.

[그림 3-2]는 소비를 기준으로 계산한 노인빈곤율[35]을 나타낸다. 비교를 위해 처분가능소득 기준 노인빈곤율과 자산의 소득화에 따른 노인빈곤율을 추가하였다. 소비 기준 노인빈곤율에서 첫 번째로 두드러지는 특징은 빈곤율이 처분가능소득 기준 빈곤율에 비해 낮게 나타난다는 점이다.[36] 이는 자산을 고려했을 때는 빈곤하지 않은 고령층이 상당수 있음을 확인한 자산의 소득화에 따른 노인빈곤 분석 결과와 유사하다. 소비는

---

35 빈곤선(중위 균등화 소비의 50%) 수준의 소비 규모는 주거비용인 월세를 포함하여 매년 월 70~90만원 정도이다. 즉, 소비 기준 빈곤층은 빈곤선 수준 이하의 소비 규모를 보인다.

36 소비지출에서 교육비를 제외하지 않고 포함하여 소비를 정의하더라도 소비 기준 노인빈곤율은 여전히 소득 기준 노인빈곤율에 비해 낮게 나타난다. 교육비는 고령층에 비해 자녀가 있는 젊은 연령층에서 높게 나타난다. 따라서 교육비를 소비에 포함한다면 상대적으로 젊은 연령층의 소비 규모가 증가하고 이에 따라 소비 기준 빈곤선도 상승한다. 이로 인해 노인빈곤율이 교육비를 제외한 경우보다는 높게 나타난다. 그러나 여전히 이 경우에도 노인빈곤율은 소득 기준 노인빈곤율보다 낮다. 이에 대한 결과는 부록에 부도로 수록하였다.

[그림 3-2] 소비 기준 노인빈곤율(2016~21년)

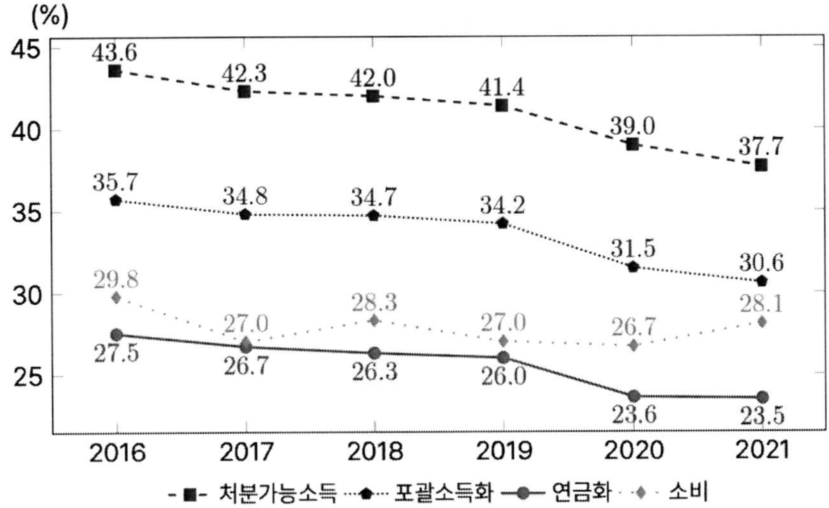

주: 1) 포괄소득화는 자산으로부터의 암묵적인 소득을 포함함.
2) 연금화는 자산을 소모하여 소득화함.
자료: 「가계금융복지조사」(2017~22)를 이용하여 저자 계산.

소득 외에 고령층의 경제적 상황을 측정할 수 있는 새로운 측면이다. 이러한 측면에서 고령층의 경제적 상황을 평가했을 때 빈곤율은 여전히 높지만 소득 기준보다는 낮다. 이와 같은 결과는 고령층의 경제적 상황을 정확히 평가하기 위해서는 소득 외에 추가적으로 자산이나 소비와 같은 측면에서도 경제적 상황을 평가할 필요가 있음을 시사한다. 두 번째 특징은 2021년 소비 기준 노인빈곤율이 증가한 것이다.[37] 이는 코로나19로 인한 특수성과 더불어 2021년 이후의 부동산가격 급등으로 인한 것으로 보

37 소비 기준 노인빈곤율은 [그림 3-2]의 다른 노인빈곤율과 다르게 2017~18년에 증가하는 모습을 보인다. 이는 2016~17년의 「가계금융복지조사」에서 소비지출 항목 조사에 응답하지 않아 결측치 처리된 표본이 다수 존재하기 때문으로 보인다. 실제 2017~18년 「가계금융복지조사」를 이용하여 소비 기준 노인빈곤율을 계산할 때는 소비지출 항목이 결측치 처리된 표본은 제외하였다. 이와 같은 표본을 제외한 경우 2016~17년의 처분가능소득 기준 노인빈곤율은 각각 43.7%와 41.4%로 나타났다. 2016년의 경우 소비지출 항목이 결측치인 표본을 제외하더라도 소득 기준 노인빈곤율이 유사하나, 2017년은 표본을 제외하면 소득 기준 노인빈곤율이 약 1%p 정도 낮아진다. 따라서 소비 기준 노인빈곤율과 소비지출 항목이 결측치 처리된 표본을 제외하여 계산한 처분가능소득 기준 노인빈곤율의 추세는 2016~ 20년까지는 유사한 패턴을 보인다. 이는 부록에 부도로 수록하였다.

인다. 이에 대한 분석은 다음 절에서 보다 자세하게 다룰 예정이다.

앞서 언급한 바와 같이 본 연구에서 이용한 소비는 Meyer and Sullivan (2003)의 소비 정의에 따라 거주주택, 차량과 같은 내구재로부터의 서비스의 가치를 소비로 포함하였다. 이 중 거주주택과 차량과 같은 내구재는 실물자산의 일종이다. 내구재는 자산이기에 내구재로부터의 서비스의 가치를 '자산 환산 소비'로 볼 수 있다. 그렇다면 소비는 소비지출[38]과 자산 환산 소비의 합으로 정의할 수 있다. 자산 환산 소비는 내구재 혹은 자산으로부터 계산되기에 이를 소비를 이용한 노인빈곤 분석과 자산을 추가적으로 이용한 노인빈곤 분석의 연결고리로 활용할 수 있다. 자산이 소비 기준 노인빈곤율에 미치는 영향을 분석하기 위해 (1) 소비지출 기준 노인빈곤율과 (2) 소비 기준 노인빈곤율을 비교해 보았다. 비교 분석을 위해 이승희(2023a)의 포괄소득 정의[39]를 따라 (3) 처분가능소득에서 자산으로 인해 발생한 소득을 제외하여 노인빈곤율을 구하고 (4) 자산으로부터의 암묵적 소득을 이에 더해 얻은 포괄소득을 이용하여 노인빈곤율을 계산하고 비교하였다. [그림 3-3]은 비교대상으로 제시된 네 가지 노인빈곤율을 나타낸다. 처분가능소득[40] 기준 노인빈곤율이 가장 높은 수치를 보인다. 다만, 자산으로부터 발생한 소득을 제외하고 있어 일반적인 소득 기준 노인빈곤율에 비해 약간 높은 수치를 보인다. 그 아래 포괄소득화에 따른 노인빈곤율이 나타난다. 소득에 자산을 추가로 고려하여 빈곤율이 낮아진 것이다. 가장 아래에는 소비지출에 기반한 노인빈곤율이 나타난다. 그리고 이에 자산 환산 소비를 추가하여 계산된 소비 기준 노인빈곤율은 이와 유사하나 약간 높게 나타난다. 소비지출에 자산을 추가하여 빈곤율이 높아진 것이다. 이처럼 소득과 소비지출 기준 빈곤율에서 자산을 추가적으로 고려하면 소득의 경우 빈곤율이 감소하고 소비의 경

---

38 정확히 하자면 본 연구에서는 소비지출에서 교육비를 제외하고 이용하였다. 용어의 명칭을 간략히 하기 위해 소비지출로 표현하였다.

39 이승희(2023a)에서는 처분가능소득에서 자산으로 인해 발생한 소득을 제외한 후 자산으로부터의 암묵적 소득을 더하여 포괄소득을 정의하였다.

40 소비지출과 유사하게, 정확히는 처분가능소득에서 자산으로부터 얻은 소득을 제외한 소득이다. 용어의 명칭이 너무 길어져 처분가능소득으로 표현하였다.

[그림 3-3] 소득, 소비지출 기반 빈곤율과 자산에 의한 영향(2016~21년)

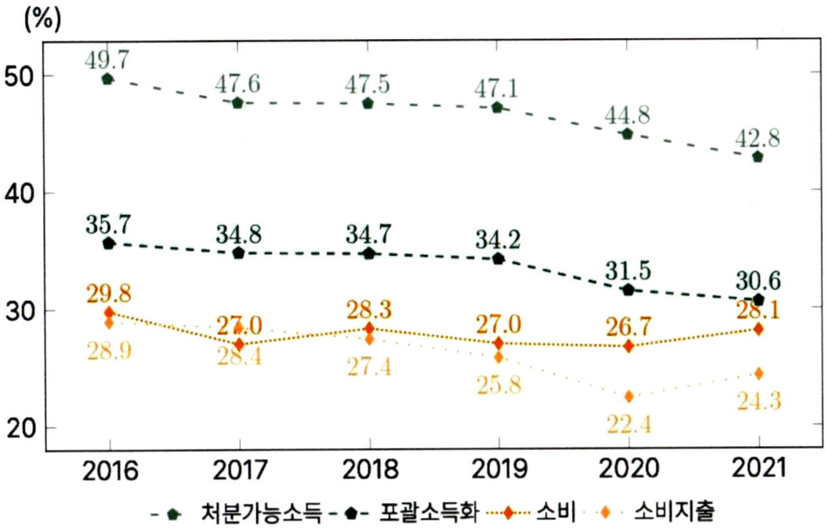

자료: 「가계금융복지조사」(2017~22)를 이용하여 저자 계산.

우 빈곤율이 증가한다. 소득(소비) 기준 빈곤층에 속하는 고령층은 소득(소비)으로 고령층을 정렬하였을 때 가장 소득(소비)이 적은 집단을 의미한다. 소득 기준으로 빈곤한 고령층 중에서는 자산을 충분히 보유한 고령층이 많아 자산을 추가적으로 고려하면 빈곤율이 감소한다. 반면, 소비지출 기준으로 빈곤한 고령층은 대부분 자산도 적어 자산을 추가로 고려하더라도 빈곤율이 거의 유사하거나 소폭 증가하게 된다. 이는 소득만으로는 고령층의 경제적 상황을 정확히 평가하기에 한계가 있을 수 있다는 것을 시사한다. 또한 소득과 소비를 이용한 경제적 취약계층 식별 가능성을 내포한다.

제2절 코로나19와 노인빈곤

앞서 언급한 바와 같이 소비 기준 노인빈곤율은 2021년에 증가하였는바, 이에 대한 원인을 파악해 볼 필요가 있다. 분석을 위해 먼저 고령층의

[그림 3-4] 고령층 소비분위별 소비 증가율(2019~21년)

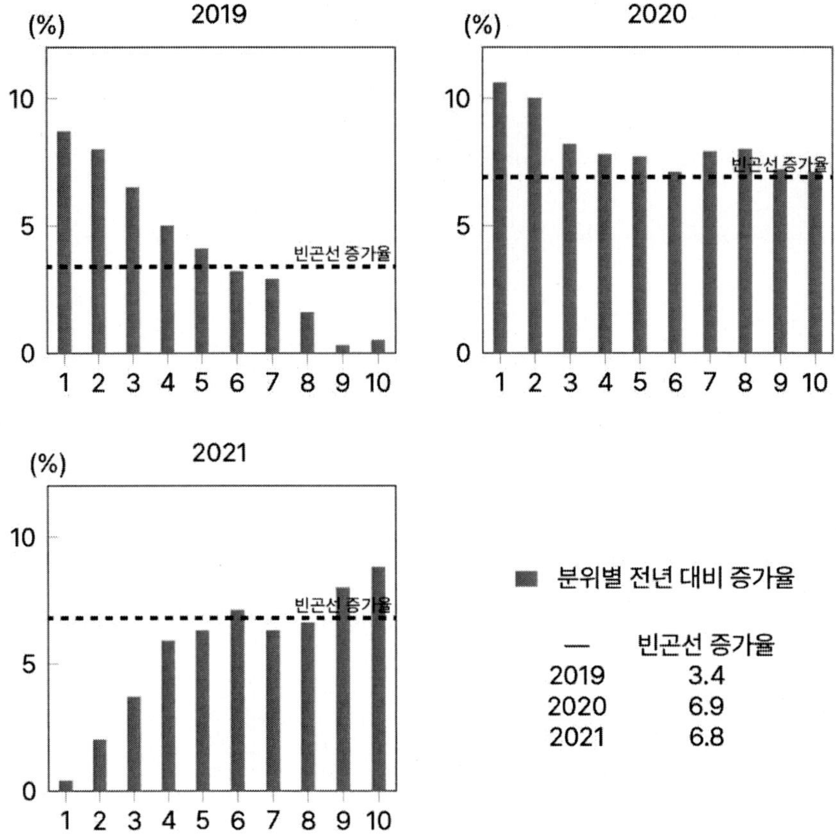

주: 1분위는 하위 10%, 10분위는 상위 10%를 의미함.
자료: 「가계금융복지조사」(2010~22)를 이용하여 저자 계산.

소비를 10분위로 그룹화[41]하여 그룹별 전년 대비 평균 증가율을 계산하고 이를 빈곤선 증가율[42]과 비교하였다. [그림 3-4]는 2019~21년 고령층의 소비분위별 전년 대비 증가율을 나타낸다. 소비 기준 노인빈곤율이 감소한 2019년과 2020년을 살펴보면 저분위에 속할수록 평균적으로 소

41 균등화된 소비를 기준으로 전체 인구의 소비를 정렬하여 한 그룹당 10%의 인구가 포함되도록 그룹화하였다. 1분위의 경우 하위 10% 그룹을 의미하고, 10분위의 경우 상위 10% 그룹을 의미한다.

42 빈곤선은 전체 중위 소비의 50%로 정의하였기 때문에 이는 전체 소비의 중윗값 증가율과 동일하다.

비 증가율이 높은 경향을 확인할 수 있다. 그러나 소비 기준 빈곤율이 증가한 2021년에는 반대로 저분위의 경우 증가율이 굉장히 낮고 고분위일수록 소비 증가율이 높다. 소비 기준 노인빈곤율이 약 30% 수준임을 감안하면, 빈곤율의 수준을 결정하는 데 중요한 역할을 하는 소비분위는 1~3분위이다. 2019~20년의 경우 1~3분위에서의 소비 증가율이 빈곤선 증가율보다 높았다. 이는 소비 기준 노인빈곤의 정도[43]가 완화됨을 나타내고, 빈곤율 또한 감소함을 의미한다. 그러나 2021년에는 1~3분위의 소비 증가율이 빈곤선보다 현저히 낮은 수치를 보이면서 빈곤율이 증가하였다. 이러한 분위별 소비 증가율의 패턴이 역전되는 현상을 분석하기 위해 고령층의 소비를 소비지출(「가계금융복지조사」상의 소비지출에서 교육비를 제외)과 자산 환산 소비(소유 거주주택, 차량을 대여로 환산한 비용)로 분해하였다. 앞에서 정의한 고령층의 소비 10분위 그룹별로 소비지출과 자산 환산 소비의 분위별 전년 대비 증가율을 살펴보았다.

[그림 3-5]는 2019~21년 고령층의 소비지출 분위별 전년 대비 증가율을 나타낸다. 소비지출 증가율의 패턴은 소비 증가율 패턴과 유사하다. 소비 기준 노인빈곤율이 감소한 2019~20년의 경우 낮은 소비분위일수록 소비지출 증가율이 높은 경향이 나타나나, 2021년에는 낮은 분위에서의 소비지출 증가율이 낮게 나타난다. 이러한 현상을 더욱 세밀하게 살펴보기 위해 세부 지출 항목별 증감을 비교해 보았다.[44] 고령층 소비 1~3분위인 소비 저분위에서 세부 지출 항목별 평균 증가율보다 낮은 증가율을 보인 지출 항목은 식료품비, 의료비, 교통비, 통신비이다. 특히 식료품비는 소비지출 항목 중 가장 큰 비중을 차지한다. 전체 평균 식료품비는 2021년에 전년 대비 6.5% 증가한 반면, 소비 저분위 고령층의 식료품비는 전년 대비 감소하거나 소폭 상승하는 데 그쳤다. 의료비의 경우도 마찬가지로 평균 의료비는 2021년에 전년 대비 11.2% 증가한 데 비해 소비 저분위 고령층에서는 의료비 지출이 감소하거나 거의 상승하지 않았다.

---

43 소비 빈곤갭(빈곤선 수준 소비와 소비 빈곤층의 평균 소비 차이) 등으로 이를 계량화할 수 있다. 본 연구에서는 빈곤갭이 주된 분석대상이 아니므로 이에 대한 분석은 제외하였다.

44 2019~21년 소비분위별 전년 대비 세부 소비지출 항목 증가율은 부록에 수록하였다.

[그림 3-5] 고령층 소비분위별 소비지출 증가율(2019~21년)

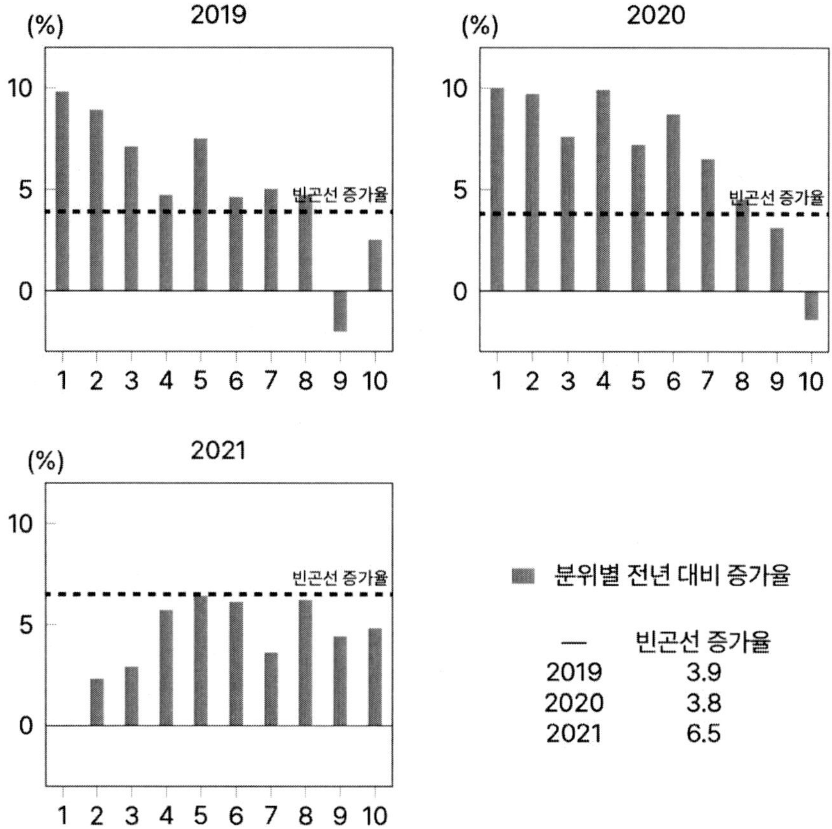

주: 1분위는 하위 10%, 10분위는 상위 10%를 의미함.
자료: 「가계금융복지조사」(2020~22)를 이용하여 저자 계산.

2019~20년에는 이와 다르게 소비 저분위 고령층의 식료품비와 의료비는 전반적으로 평균 이상으로 상승하였다. 교통비와 통신비는 상대적으로 식료품비나 의료비에 비해 소비지출에서 차지하는 비중이 작다. 그러나 교통비와 통신비도 소비 저분위에서 2021년 증가율이 평균에 미치지 못하거나 감소하였다. 이들을 공통적으로 설명할 수 있는 요인에 대해서는 후속연구가 필요하나, 코로나19가 설명 가능한 요인으로 보인다. 코로나19는 고령층의 소비에 다양한 측면에서 영향을 끼쳤다.[45] 먼저 코로나19로 인해 전반적인 소비가 일시적으로 위축되었으나, 그 회복세는 젊은

연령층에서 더 빠른 편이다(Baker *et al.*, 2020). 특히 식료품비를 구성하는 장보기 비용이나 외식비에서도 젊은 층에서 더 빠른 소비 회복세가 나타난다(Baker *et al.*, 2020).

코로나19로 인한 비대면 소비의 증가와 고령층의 사회적 고립의 심화 또한 식료품비 감소와 교통비 감소의 하나의 원인으로 보인다. 또한 상대적으로 낮은 사회경제적 지위를 가진 계층에서는 의료서비스의 접근이 더 어려워지는 경향이 나타난다(Patel *et al.*, 2020). 코로나19로 인해 고령층과 저소득층에서 평균소비성향이 하락함을 보인 실증분석 결과도 이와 같은 사실을 뒷받침한다(이태열, 2021).

[그림 3-6]은 2019~21년 고령층 소비분위별 자산 환산 소비의 전년 대비 증가율을 보여준다. 자산 환산 소비 중 가장 큰 비중을 차지하는 것은 귀속임대료다. 최근의 부동산가격 급증으로 인해 2020~21년 자산 환산 소비의 빈곤선 증가율이 10%대로 급격히 상승하였다.[46] 이로 인해 주택을 소유한 고령층과 소유하지 않은 고령층 간의 차이가 더 커진 것으로 보인다. 특히 2021년 저소비분위 고령층에서 자산 환산 소비 증가율은 빈곤선 증가율 수준인 10%대를 하회하고 있다. 이들의 균등화된 자산 환산 소비는 200만원도 채 되지 않는다. 이들 대부분은 거주주택을 소유하고 있지 않다. 거주주택을 소유하는 경우라도 그 가치가 매우 낮은 편이다. 이처럼 코로나19와 부동산가격 상승으로 인해 2021년의 소비 기준 노인빈곤율은 소득 기준 빈곤율과 다르게 증가한 것으로 보인다. 이는 한편으로 최근의 코로나19 기간 동안 고령층의 물질적인 삶의 수준이 다소 악화되었음을 시사한다.[47]

---

45 이와 더불어 2021년에는 고령층 전 소비분위에서 소비지출 증가율이 빈곤선 증가율 수준에 미치지 못하고 있다. 저소비분위에서는 본문에서 제시한 바와 같이 식료품비, 의료비, 통신비, 교통비의 감소가 소비지출의 낮은 증가율을 견인한 것으로 보인다. 중소비분위에서는 의료비와 주거비의 감소가 낮은 소비지출 증가율을 야기한 것으로 보인다. 고소비분위에서는 기타 소비의 감소가 크게 나타난다. 이는 코로나19로 인한 비대면 소비의 증가가 한 원인으로 보인다.

46 한국부동산원의 2021년 3월과 2022년 3월의 주택매매가격상승률(전국 기준, 전년 동기 대비)은 각각 6.7%와 7.5%이다.

47 후술할 소득 기준 극빈곤층 비율도 2016~20년에 감소하는 추세를 보이다 2021년에는 증가하였다. 후속연구가 필요하지만, 이 또한 코로나19에 의한 영향으로 보이며, 소비

[그림 3-6] 고령층 소비분위별 자산 환산 소비 증가율(2019~21년)

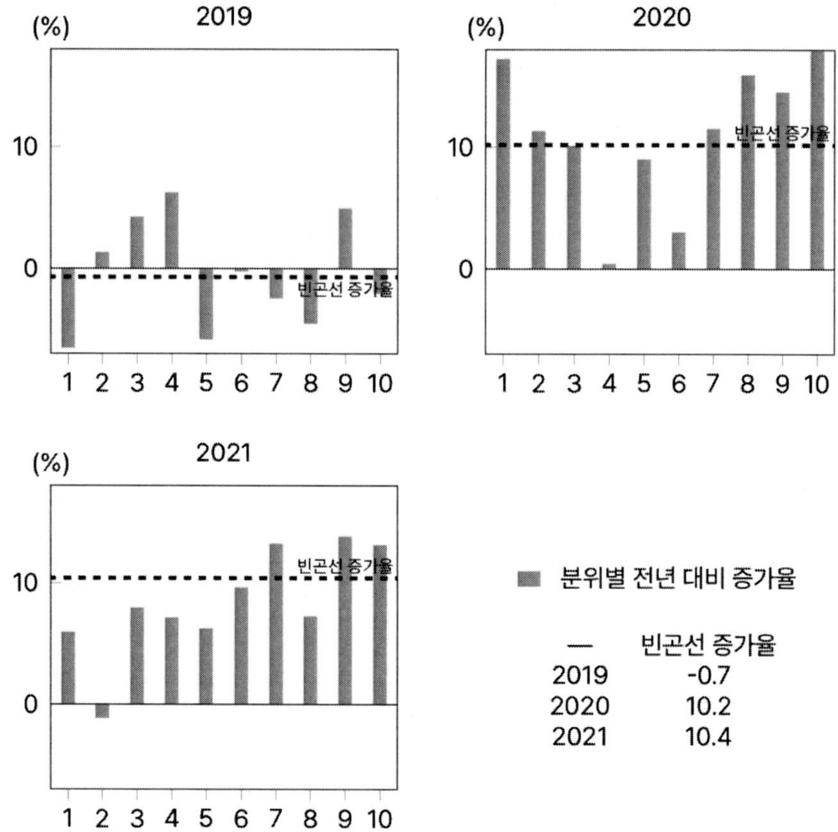

주: 1분위는 하위 10%, 10분위는 상위 10%를 의미함.
자료: 「가계금융복지조사」(2020~22)를 이용하여 저자 계산.

제3절 소득과 소비로 본 취약계층

소비는 물질적인 부족을 잘 측정할 수 있는 수단으로, 소득으로는 측정하지 못하는 경제적 상황을 잘 측정할 수 있다. 이는 소득과 함께 이용했을 때 경제적 상황 평가에 보완적인 수단으로서 활용도가 높음을 의미

기준 빈곤율이 물질적인 결핍을 겪고 있는 고령층을 더 잘 식별할 수 있다는 가능성 또한 내포하고 있는 것으로 보인다.

한다(Armstrong *et al.*, 2022). 이승희(2023b)는 소득 외에 자산을 추가적으로 활용하여 소득과 자산 모두 적은 고령층을 경제적으로 취약한 상태에 놓인 고령층으로 정의하였다. 본 연구에서도 이와 유사한 방법으로 소득과 소비가 모두 적은 고령층을 경제적 취약계층으로 정의하고 이들의 특성을 우선 분석해 보고자 한다.

분석을 위해 고령층을 처분가능소득과 소비 각각을 기준으로 분류한 후, 빈곤층 포함 여부를 이용하여 네 가지 소득–소비 유형으로 분류하였다. 처분가능소득 기준 빈곤층 중 소비 기준으로도 빈곤한 고령층은 저(低)소득–저(低)소비 고령층으로, 그렇지 않다면 저(低)소득–고(高)소비 고령층으로 분류하였다. 유사한 방법으로 고(高)소득–저(低)소비, 고(高)소득–고(高)소비 유형도 정의하였다. [그림 3-7]은 고령층의 유형별 소득–소비 구성 비율의 추이를 나타낸다. 경제적 취약계층인 저(低)소득–저(低)소비 유형이 그림의 가장 아래에 위치한다. 취약계층 비율은 2016년 23.9%에서 2021년 21.5%로 전반적으로 감소 추세에 있다. 소비로 보았을 때 이러한 취약계층 비율은 약 20% 정도인데, 이승희(2023b)에서 자산을 활용하여 정의한 취약계층 비율인 30% 수준보다는 낮은 수치이다. 저(低)소득–고(高)소비 유형의 비율은 2016년 19.8%에서 2021년 16.2%로 감소하는 추세에 있지만 여전히 약 15% 수준을 차지한다. 이는 자산을 활용한 결과와 마찬가지로 소득 기준 빈곤한 고령층 중 상당수는 소비와 자산 등 다른 경제적 측면을 고려했을 때 물질적인 결핍상태에 있지 않다고 볼 수 있는 가능성이 높음을 시사한다.[48]

고령층의 소득 빈곤과 소비 빈곤에 대해 더 세밀하게 살피기 위해 극빈곤(deep poverty)과 근접빈곤(near poverty)을 각각 정의하여 소득과 소비 빈곤 간의 관계를 살펴보았다. 극빈곤은 빈곤이 극심한 수준으로, 일반적으로 소득(소비) 빈곤선의 50% 이하의 소득(소비)을 가지는 상태로

---

48 물론 이와 같은 방법을 통해 취약계층을 정확히 식별할 수 있는 것은 아니다. 저(低)소득–고(高)소비 유형 고령층 내에도 취약계층이 포함되어 있을 수 있고 이들의 소비구성이나 자산을 분석하여 취약계층 여부를 판단하는 것이 중요하다. 이는 후속연구에서 보다 면밀히 살펴보고자 한다.

[그림 3-7] 고령층의 소득-소비 구성 비율(2016~21년)

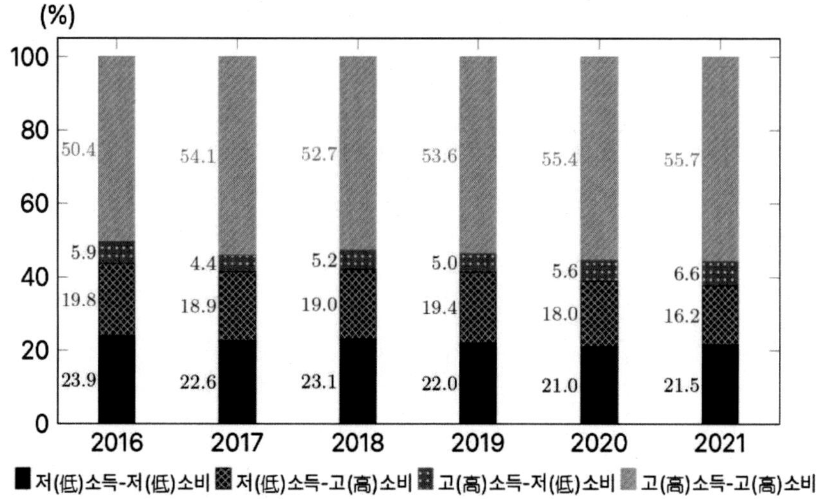

자료: 「가계금융복지조사」(2017~22)를 이용하여 저자 계산.

정의된다. 빈곤선이 중윗값의 50%임을 감안하면 이는 중윗값의 25%와 동일하다. 근접빈곤의 경우 아직 빈곤한 상태는 아니지만 빈곤선과 가까워 빈곤 위험이 높은 상태를 의미한다. 일반적으로 소득(소비) 빈곤선의 150%(중윗값의 75%) 이하의 소득(소비)을 가지는 상태로 정의된다.[49] [그림 3-8]은 소득과 소비 기준 극빈곤층과 근접빈곤층의 비율을 각각 나타낸다. 그림에서 (a)는 소득 기준 극빈곤층과 근접빈곤층의 비율을 보여준다. 극빈곤층의 비율은 2016년 14.3%에서 2020년 6.6%로 다소 감소하였으나 2021년에는 8.1%로 소폭 상승하였다. 극빈곤층 비율의 추이는 처분가능 소득 기준 노인빈곤율이 2016년 43.6%에서 2021년 37.7%로 지속적으로 감소한 것과는 다르다. 오히려 소비 기준 노인빈곤율과 유사한 패턴이다. 이는 2021년의 코로나19가 저소득층에게 더 크고 지속적인 충격을 주었기 때문일 수 있다(Chetty *et al.*, 2020; Han, 2021; Lee *et al.*, 2021). 또한 이는 소비를 이용한 빈곤 분석으로 도출한 기존 소득 기준

49 이와 같이 정의된 빈곤 유형들은 포함관계를 가진다. 극빈곤층은 빈곤층에 포함되고 빈곤층은 근접빈곤층에 포함된다(극빈곤층 ⊂ 빈곤층 ⊂ 근접빈곤층).

[그림 3-8] 고령층 극빈곤/빈곤/근접빈곤 비율(2016~21년)

(a) 소득

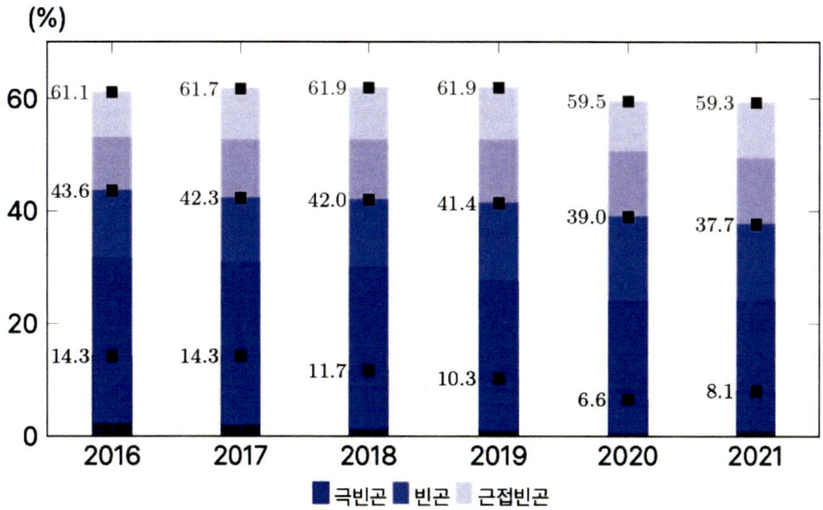

(b) 소비

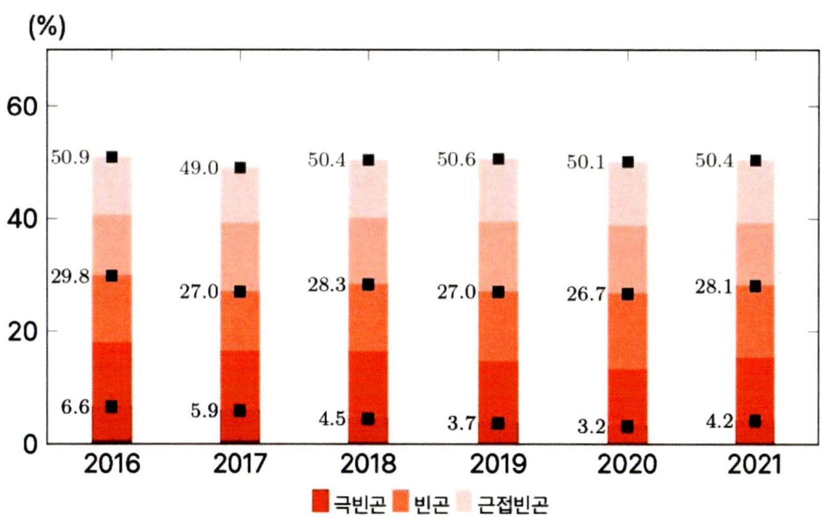

자료: 「가계금융복지조사」(2017~22)를 이용하여 저자 계산.

빈곤율로는 포착할 수 없었던 취약계층의 추이를 파악할 수 있음을 시사한다. 소득 기준 근접빈곤층의 비율은 2016년 61.1%에서 소폭 상승했다 감소하여 2021년에는 59.3%로 나타났다. 근접빈곤층 중 빈곤층이 아닌 고령층의 비율은 2016년 17.5%에서 2021년 21.6%로 매년 증가하였다. 소득 기준 빈곤율은 최근 들어 지속적으로 감소했으나 근접빈곤층의 비율이 여전히 60%대인 것은 그만큼 고령층의 소득 상황이 좋지 않음을 의미한다.

그림에서 (b)는 소비 기준 극빈곤층과 근접빈곤층의 비율을 보여준다. 두 비율 모두 소비 기준 빈곤율과 유사한 패턴을 보인다. 소비 기준 극빈곤층의 비율은 2021년 4.2%로 소득 기준 극빈곤층에 비해 낮은 수치이다. 근접빈곤층의 비율은 약 50%로 소득 기준 근접빈곤층의 비율보다는 낮지만 여전히 높은 수치를 기록하며 이 또한 고령층의 경제적 상황이 좋지 않음을 나타낸다.

<표 3-2>는 2021년 소득과 소비로 정의된 극빈곤, 빈곤, 근접빈곤층의 구성 비율[50]을 나타낸다.[51] 전체 고령층 중 약 1.6%는 소득과 소비 모두 극심한 빈곤상태이다. 소득 빈곤층 중 약 6.8%의 고령층은 소득은 적지만

<표 3-2> 고령층 소득－소비 극빈곤/빈곤/근접빈곤 구성 비율(2021년)

(단위: %)

		소득			
		극빈곤	빈곤	근접빈곤	무빈곤
소비	극빈곤	1.6	2.4	0.2	0.1
	빈곤	3.6	14.0	4.4	2.0
	근접빈곤	1.2	6.5	7.3	7.3
	무빈곤	1.8	6.8	9.6	31.5

주: 1) 격자무늬 배경은 소득으로는 빈곤하지만 소비로는 빈곤하지 않은 고령층임.
2) 대각선 배경은 소비로는 빈곤하지만 소득으로는 빈곤하지 않은 고령층임.
3) 회색 음영은 소득과 소비 모두 빈곤한 고령층임.

자료: 「가계금융복지조사」(2022)를 이용하여 저자 계산.

50 무빈곤층은 근접빈곤층에 속하지 않은 고령층을 의미한다. 즉, 이들은 소득(소비) 빈곤선의 150% 수준 이상의 소득(소비)을 가진다.

51 <표 3-2>상의 각 행(열)은 해당 빈곤 유형에 속하면서 다른 행(열)의 빈곤 유형에는 속하지 않는 비율을 나타낸다. 예를 들어 소득 빈곤 열에 제시된 수치의 경우 소득 빈곤층에 속하지만 소득 극빈곤층에는 속하지 않는 비율, 즉 소득이 빈곤선의 25~50%에 해당하는 고령층의 비율을 나타낸다.

소비로는 무빈곤층이다. 이들은 충분한 소비를 하고 있음을 의미한다. 심지어 약 1.8%의 고령층은 소득으로는 극심한 빈곤에 속하지만 소비로는 무빈곤층이다. 이는 다시 한번, 소득만으로는 고령층의 경제적 상황을 정확히 파악할 수 없음을 시사한다.

소득과 소비를 함께 고려하여 정의한 취약계층(저(低)소득－저(低)소비 고령층)의 특성을 살펴보면, 소득 빈곤층에 비해 일반적인 물질 결핍상태에 대한 인식과 더 부합한다.[52] 분석을 위한 대상은 전체 고령층, 저(低)소득－고(高)소비 고령층, 저(低)소득－저(低)소비 고령층으로 하였다. 소비를 기준으로 저(低)소득 고령층을 저(低)소득－고(高)소비, 저(低) 소득－저(低)소비 고령층으로 분리하여 이들이 가지는 특성이 서로 상반되는지를 확인하기 위함이다. 이들을 대상으로 경제적 특성인 순자산,[53] 처분가능소득, 주택소유비율, 주택가격을 비교하였다.[54] 일반적으로 물질적인 결핍상태에 있다면 이들 모두 낮은 값을 보일 것으로 생각된다. 순자산의 경우 2021년 전체 고령층과 저(低)소득－고(高)소비 고령층의 경우 평균적으로 약 4억원을 보유하고 있다. 반면, 저(低)소득－저(低)소비 고령층의 경우 보유 규모가 1억원 이하이다. 소득 기준으로는 저(低)소득－고(高)소비, 저(低)소득－저(低)소비 고령층 모두 균등화된 처분가능소득이 1,000만원 정도이고, 이는 전체 고령층 평균의 절반 이하 수준이다. 주택소유비율의 경우 전체 고령층과 저(低)소득－고(高)소비 고령층의 경우 그 비율이 약 80% 정도이다. 심지어 저(低)소득－고(高)소비 고령층의 주

---

52 Meyer and Sullivan(2003)은 미국의 소비 빈곤층과 소득 빈곤층의 특성 비교를 통해 소비 빈곤층의 특성이 일반적인 물질적 결핍상태에 있는 가구의 특성과 더 유사함을 보였다.

53 자산은 그 특성을 고려하여 비교 시 균등화하지 않았다. 자산은 가구 단위로 소유하게 된다. 한 가구원이 자산을 이용하는 것이 다른 가구원의 사용 가능한 자산을 감소시키지 않는다. 소비적인 관점에서 자산은 가구 내의 공공재와 같은 개념으로 볼 수 있는바, 균등화하지 않고 가구 단위로 계산하였다. 예를 들어 2인 가구가 주택가격이 5억원인 주택에 거주하고 있는 경우, 각각의 가구원들은 5억원인 주택에 거주함으로써 효용을 얻는다. 또한 한 가구원이 이 주택에 거주하는 것이 다른 가구원의 사용 가능한 자산을 감소시키지 않는다. 실제 World Bank와 룩셈부르크 소득 연구 등에서도 자산을 분석할 때는 균등화하지 않고 가구 단위로 분석한다.

54 이 외에도 소비지출과 소비를 비교해 보았다. 소비지출과 소비의 경우 저(低)소득－저(低)소비 유형의 정의상 당연히 이 유형의 소비지출과 소비가 낮다. 전체 비교 결과는 부록으로 수록하였다.

택소유비율이 전체 고령층의 주택소유비율보다도 높다. 반면, 저(低)소득－저(低)소비 고령층의 경우 주택소유비율이 약 40% 정도에 불과하다. 소유주택가격[55]의 경우 전체 고령층과 저(低)소득－고(高)소비 고령층의 평균 소유주택가격은 약 4억원이다.[56] 저(低)소득－저(低)소비 고령층은 주택소유비율도 적지만 주택을 보유하더라도 그 가치가 평균적으로 1억원 이하로 매우 낮다. 이를 통해 보았을 때 저(低)소득－고(高)소비 고령층과 저(低)소득－저(低)소비 유형 고령층은 소득만 유사하고 그 외에 자산이나 소비는 완전히 다른 특성을 가지는 집단으로 보인다. 2021년 기준 저(低)소득－고(高)소비 고령층은 전체 고령층 중 약 16%를 차지한다. 이들은 소득은 적지만 보유한 자산이나 현재의 소비 수준은 전체 고령층의 평균 수준이고 이를 상회하기도 한다. 따라서 소득만 적다고 해서 이들을 경제적 취약계층으로 보기에는 어려운 측면이 있다.

한편, 최근 들어 독거노인이나 자녀와 함께 살지 않는 고령층이 많아지면서 고령층의 가구 형태 또한 변화하고 있다. 소비는 가구 형태에 따라 그 구성이 달라질 수 있다. 따라서 고령층을 가구 형태별로 분류하여 빈곤상태를 분석하고, 가구 형태에 따라 소비지출 구성이 어떻게 달라지는지를 분석하였다. 고령층의 가구 형태는 일반적으로 가구원 수와 자녀와의 동거 여부를 이용하여 분류한다. 본 연구에서는 경제적인 대표성을 지닌 가구원[57]을 가구주로 정의하고 이를 이용하여 <표 3-3>과 같이 6가지의 가구 형태를 정의하였다. [그림 3-9]는 이처럼 정의된 각 가족 유형이 고령층 내에서 차지하는 비중[58]을 나타낸다. 고령층 1인 가구는 독거

---

55 소유주택 또한 자산이므로 비교 시 소유주택가격은 균등화하지 않았다. 계산을 위해서는 주택을 소유한 가구의 소유주택가격만을 이용하였다. 즉, 각 유형에서 주택을 소유하지 않은 가구는 제외하고 주택을 소유한 가구의 소유주택가격 평균으로 이를 계산하였다.

56 2021년의 경우 저(低)소득－고(高)소비 고령층의 평균 소유주택가격이 전체 고령층 평균 소유주택가격보다 높은 편이나, 2016~20년에는 전체 고령층 평균 소유주택가격보다 낮다. 관련 내용은 부록으로 수록하였다.

57 「가계금융복지조사」에서 관측할 수 있는 가구원별 소득을 이용하여 가구원 중 소득이 가장 높은 사람을 경제적인 대표성을 지닌 가구원으로 정의하였다.

58 본 연구에서는 개인 단위 빈곤율을 계산하기에 고령층 가구 유형별 구성 비율은 개인 단위로 계산하였다. 따라서 [그림 3-9]상의 비율은 고령가구 분포와는 다르다. 예를 들어

<표 3-3> 고령층 가구 유형

가구원 수	가구 유형
1인	1인 가구(독거노인)
2인	2인 가구(노인부부)
	2인 가구(노인가구주 + 가족 구성원)
	2인 가구(자녀가구주 + 노인)
3인 이상	3인 이상 가구(노인가구주 + 가족 구성원)
	3인 이상 가구(자녀가구주 + 노인)

주: 회색 음영은 노인이 홀로 경제적 부담을 지는 경우를 의미함.

[그림 3-9] 고령층 가구 유형별 구성 비율(2016~21년)

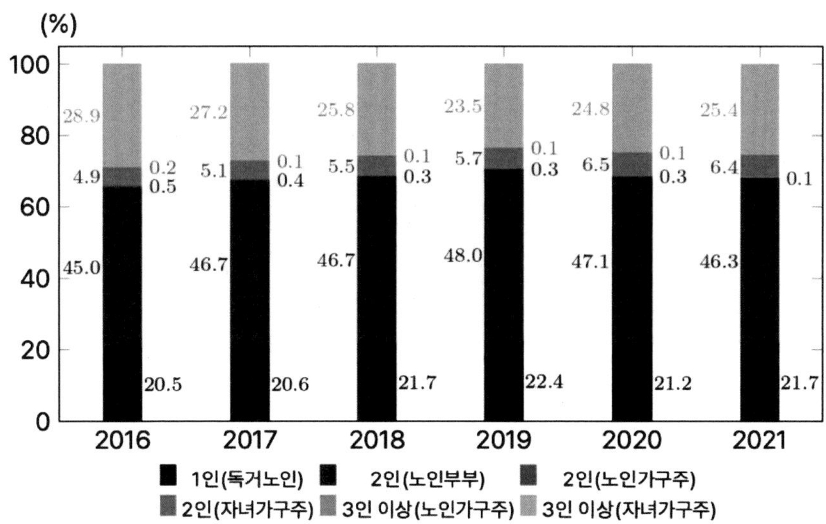

주: 막대그래프 우측 숫자들은 노인이 홀로 가구의 경제적 부담을 지는 유형의 비율을 나타냄.
자료: 「가계금융복지조사」(2017~22)를 이용하여 저자 계산.

노인이다. 독거노인은 전체 고령층의 약 20%를 차지한다. 2016년 20.5%에서 2021년 21.7%로 비중이 소폭 상승하였다. 고령층 2인 가구는 형태에 따라 세 가지로 구분하였다. 첫 번째는 노인부부 가구이다. 이와 같은 가구 형태는 고령층 중 약 45%로 가장 큰 비중을 차지한다. 노인부부 가

노인부부의 경우 가구 단위 계산에서는 가구 하나로 계산된다. 그러나 개인 단위에서는 노인 두 명으로 계산된다.

구는 2016년 45.0%에서 2019년 48.0%까지 상승하였다가 최근 들어 하락하여 2021년에는 46.3%로 나타났다. 두 번째는 2인 가구 중 노인가구주가 다른 가족 구성원과 함께 사는 경우이다. 이 유형이 차지하는 비중은 1% 미만으로 굉장히 적다. 세 번째는 2인 가구 중 자녀가구주가 노인과 함께 사는 경우이다. 자녀가 부모 중 한 분을 모시고 사는 경우로 고령층 내 비중은 5~6% 정도이고 2016년 4.9%에서 2021년 6.4%로 증가하는 추세를 보인다. 3인 이상 가구도 마찬가지로 가구주에 따라 두 가지로 구분하였다.

첫 번째는 노인가구주가 가족 구성원들과 함께 사는 경우로, 전체 노인 중 약 0.1%를 차지한다. 두 번째는 3인 이상 가구 중 자녀가구주가 노인과 함께 사는 경우로, 25% 정도의 비중을 차지한다. 이 유형의 비율은 2016년 28.9%에서 2019년 23.5%로 급감했다가 다시 2021년 25.4%로 증가하는 추세를 보인다.[59]

고령층을 가구 유형별로 구분하여 빈곤상태를 살펴보면 노인이 홀로 경제적 부담을 지는 경우인 1인 가구(독거노인), 2인 가구(노인가구주+가족 구성원), 3인 이상 가구(노인가구주+가족 구성원)의 빈곤율이 높다. <표 3-4>는 2020년 기준[60] 고령층의 가구 유형별 소득·소비 기준 빈곤율과 취약계층인 저(低)소득-저(低)소비 비율을 나타낸다.[61] 소득 기준과 소비 기준 빈곤율 모두 노인이 홀로 경제적 부담을 지는 가구 유형에 속한 고령층의 빈곤율이 높다. 이 중 독거노인의 경우 고령층 내 차지하는 비중도 크고 전체 독거노인 중 절반 정도가 취약계층인 저(低)소득-저(低)소비 유형으로 빈곤 정도가 심각하다. 반면, 자녀가 부모를 모시고 사는 가구에 속한 고령층의 경우 빈곤율이 낮은 편이고, 특히 3인 이상 가

59 이처럼 2016년에서 2019년까지 감소하다 그 추세가 전환되어 2021년까지 증가하는 추세를 보이는 것은 코로나19로 인한 영향으로 보인다. 코로나19가 고령층의 삶에 미치는 종합적인 영향에 관한 후속연구가 필요한 것으로 보인다.

60 가장 최근인 2021년의 경우, 3인 이상 가구(노인가구주+가족 구성원) 유형이 고령층에서 차지하는 비중이 0.1% 이하로 나타났고, 2인 가구(노인가구주+가족 구성원)의 비율도 0.1%로 매우 작다. 따라서 2020년의 빈곤상태를 본문에 제시하였다.

61 전체 분석기간인 2016~21년의 빈곤율은 부록으로 수록하였다.

<표 3-4> 고령층 가구 유형별 빈곤율(2020년)

(단위: %)

가구원 수	가구 유형	소득	소비	저(低)소득-저(低)소비
1인	1인 가구(독거노인)	72.1	54.7	50.4
2인	2인 가구(노인부부)	38.2	23.2	17.2
	2인 가구(노인가구주)	74.9	59.3	46.6
	2인 가구(자녀가구주)	30.7	22.5	15.1
3인 이상	3인 이상 가구(노인가구주)	66.8	36.5	36.5
	3인 이상 가구(자녀가구주)	13.8	9.7	4.2

주: 회색 음영은 노인이 홀로 경제적 부담을 지는 경우를 의미함.
자료: 「가계금융복지조사」(2021)를 이용하여 저자 계산.

구에서 자녀가 가구주인 경우의 빈곤율이 굉장히 낮게 나타난다.

고령층의 가구 유형별로 소득·소비 빈곤 정도가 상이한 점으로 미루어보아 가구 유형별로 소비지출 구성도 다를 수 있다. 이를 확인하기 위해 각 가구 유형별로 소비지출 항목(식료품, 주거비, 의료비, 교통비, 통신비, 기타 소비지출)[62]이 전체 소비지출에서 차지하는 비중을 확인해 보았다. <표 3-5>는 「가계금융복지조사」를 이용하여 계산한 2020년 고령층 가구 유형별 소비지출 항목 비중을 나타낸다.[63,64] 식료품비와 주거비는 생활에 필수적인 지출 요소이다. 노인이 홀로 가구의 경제적 부담을 지는 경우 식료품비와 주거비가 소비지출에서 차지하는 비중이 큰 편이다. 식료품비와 주거비가 소비지출에서 차지하는 비중은 엥겔 지수(Engel's coefficient)와 슈바베지수(Schwabe index)와 같이 빈곤지표로도 활용된다. 이 가구 유형에 속하는 고령층들이 빈곤율이 높은 점을 고려하면 필수 지출 요소의 비중이 큰 것은 당연한 것으로 보인다. 그 외 나머지 지출 항목의 비중은 모두 낮다. 의료비의 경우 나이가 들수록 지출이 증가하는 경향이 있다. 따라서 2인 가구와 3인 이상 가구에서 노인가구주 여부에

62 본 연구에서는 교육비를 투자에 가까운 항목으로 간주하여 소비지출에서 제외하였다.

63 전체 분석기간인 2016~21년의 고령층 가구 유형별 소비지출 항목 비중은 부록으로 수록하였다.

64 가구원 수가 동일한 가구 유형끼리 비교하기 위해 65세 미만 1인 가구를 참고로 추가하였다.

<표 3-5> 고령층 가구 유형별 소비지출 항목 비중(2020년)

(단위: %)

가구 유형	식료품	주거비	의료비	교통비	통신비	기타
1인 가구(65세 미만)	32.6	19.1	5.7	9.6	6.1	27.0
1인 가구(독거노인)	36.8	20.9	15.6	5.0	4.0	17.5
2인 가구(노인부부)	35.5	15.1	15.0	8.2	4.5	21.8
2인 가구(노인가구주)	36.4	19.5	12.4	6.1	6.5	19.2
2인 가구(자녀가구주)	33.3	15.2	13.0	9.8	6.1	22.6
3인 이상 가구(노인가구주)	45.5	13.9	5.8	7.3	7.2	20.4
3인 이상 가구(자녀가구주)	35.6	12.5	10.3	10.3	6.8	24.6

주: 회색 음영은 노인이 홀로 경제적 부담을 지는 경우를 의미함.
자료: 「가계금융복지조사」(2021)를 이용하여 저자 계산.

따른 의료비 지출 비중을 비교하면, 노인가구주인 경우의 비중이 더 낮다. 노인가구주인 경우 소비지출의 규모 또한 낮다는 것을 고려하면 2인 가구와 3인 가구 모두 노인가구주인 경우 의료비의 절대적인 규모나 상대적인 비중 모두 자녀가구주인 경우보다 낮다고 할 수 있다. 일반적으로 노인이 홀로 경제적 부담을 지는 가구 유형에서는 소득뿐만 아니라 소비를 기준으로 한 빈곤율과 취약계층 비율이 높았다. 항상소득가설을 고려했을 때 소비는 항상소득에 의해 결정된다. 소비 수준이 낮다는 것은 항상소득 또한 낮다는 것을 의미한다. 이러한 취약계층에서는 생애 전반에 걸쳐 충분한 소득을 창출하지 못했을 가능성이 높다. 일반적으로 소득과 개인의 건강상태가 양의 관계에 있다는 것을 고려할 때(Deaton, 2003; Chetty *et al*., 2016), 이와 같은 고령층은 건강상태가 좋지 않을 가능성이 높다. 따라서 경제적 취약계층에 속하는 고령층에서 의료비 지출의 규모와 비중이 작다는 것은 건강은 좋지 않지만 경제적 제약 등으로 인해 의료서비스를 충분히 받지 못하고 있을 가능성이 높음을 시사한다. 이에 관한 후속연구가 필요해 보인다. 이와 같은 유형의 고령층에서는 기타 소비지출의 비중 또한 낮게 나타난다. 기타 소비지출은 오락, 의류 등 필수적인 지출이 아닌 선택적 지출이기에 경제적으로 어려운 가구 유형에서 이 비중이 낮게 나타나는 것은 일반적인 것으로 보인다.

제4장

세대를 고려한 노인빈곤과 정책 제안

앞서 제3장에서는 소득과 소비를 이용하여 우리나라의 노인빈곤을 살펴보았다. 소득 외에 자산을 추가적으로 활용하거나(이승희, 2023b) 소비를 활용하더라도 우리나라의 노인빈곤은 여전히 심각해 보인다. 본 장에서는 현재의 고령층을 여러 세대로 구분하여 우리나라의 노인빈곤 문제를 더 세밀히 살펴본다.

제1절 세대별 분석

2010년대 이후 우리나라의 노인빈곤율 추이와 관련해서는 두 가지 특징이 있다. 첫 번째는 노인빈곤율이 전반적으로 감소하는 추세를 보인다는 점이다. 두 번째는 고령층 내에서도 연령대별로 빈곤율 간에 큰 차이가 있다는 점이다. [그림 4-1]은 2016~21년 우리나라의 고령층 연령대별 빈곤율을 나타낸다. 연령대는 65~74세, 75~84세, 85세 이상 이렇게 세 연령대를 고려하였다. [그림 4-1]에서 관찰되는 두드러지는 특징은 65~74세와 75세 이상 연령대의 빈곤율 간에 굉장히 큰 차이가 나타난다는 점이다. 65~74세의 빈곤율은 2016년 33.9%에서 2021년 27.6%로 나타난 반면, 75세 이상 연령대의 빈곤율은 여전히 50%대 이상이다. 이러한 두 가지

[그림 4-1] 고령층 연령대별 빈곤율(2016~21년)

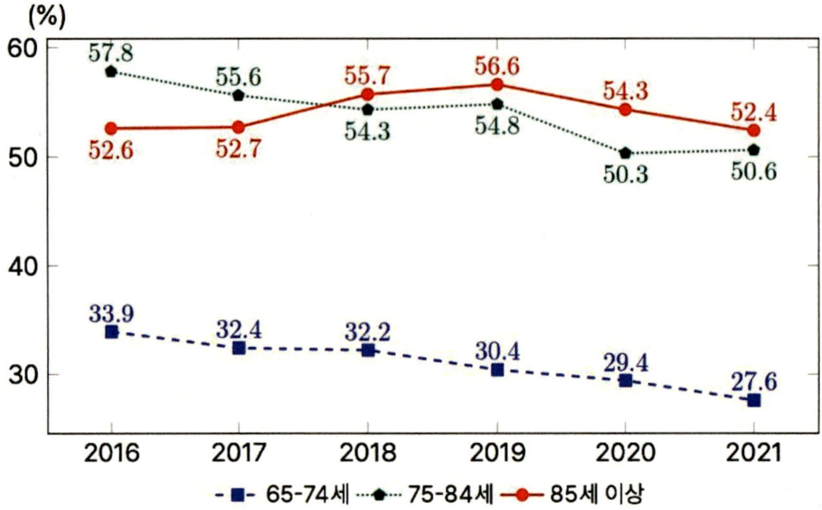

자료: 「가계금융복지조사」(2017~22)를 이용하여 저자 계산.

노인빈곤율 추이의 특징은 앞으로 살펴볼 세대별 분석을 통해 모두 설명이 가능하다.

세대별 분석을 통해 우리나라의 노인빈곤을 보다 자세히 살펴보기 위해 출생연도를 기준으로 고령층을 다섯 세대로 구분하였다. 출생연도를 기준으로 1930년대 후반 출생(1935~39년생), 1940년대 전반, 후반 출생(1940~44년생, 1945~49년생), 1950년대 전반, 후반 출생(1950~54년생, 1955~59년생), 이렇게 다섯 세대를 고려하였다. 2016년 기준 각 세대의 연령은 77~81세(1930년대 후반 출생), 72~76세(1940년대 전반 출생), 67~71세(1940년대 후반 출생), 62~66세(1950년대 전반 출생), 57~61세(1950년대 후반 출생)이다. 각 세대는 2021년이 되면 바로 이전 세대의 2016년 연령과 일치하게 된다.[65] [그림 4-2]는 2016~21년의 각 세대별 빈곤율을 나타낸다. 그림에서 (a)는 세대별 빈곤율 추이를 보여준다. 전반적으로 1940년대 전반 이전 출생 세대를 제외하고 빈곤율이 시간에 따라

65 예를 들어 1940년대 후반 출생의 경우 2016년 기준 72~76세이다. 2021년이 되면 77~81세가 되어 바로 이전 세대인 1940년대 전반 출생의 2016년 연령과 일치하게 된다.

[그림 4-2] 고령층 세대별 빈곤율(2016~21년)

(a) 세대별 빈곤율

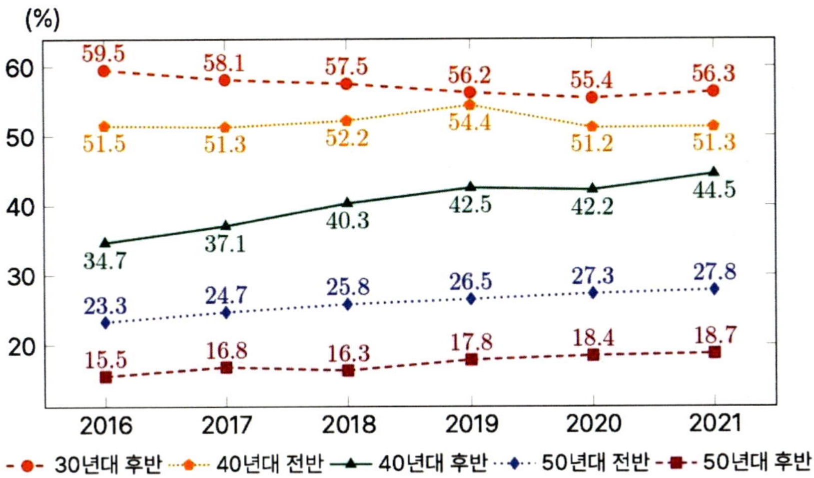

(b) 세대 간 빈곤율 차이

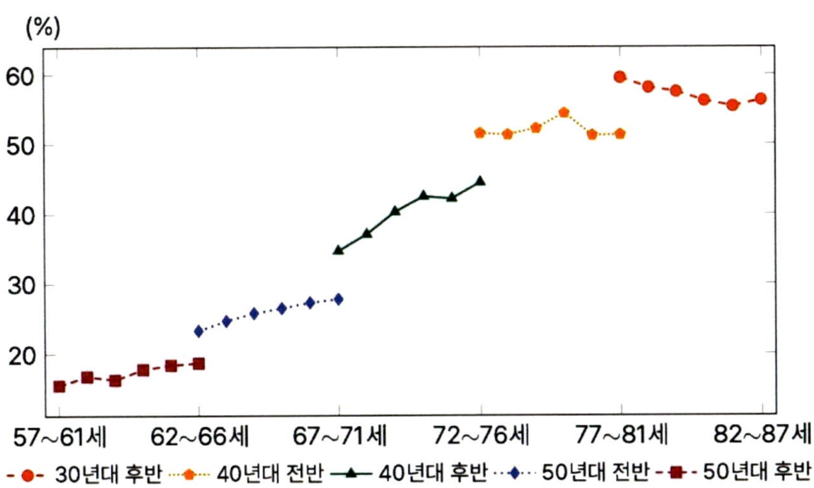

자료: 「가계금융복지조사」(2017~22)를 이용하여 저자 계산.

증가하는 추세를 보인다. 평균적으로 개인의 소득에서 가장 큰 비중을 차지하는 것은 근로소득이나 사업소득이다. 나이가 들어감에 따라 근로나 사업을 통해 얻는 소득이 감소하는 경향이 있기 때문에 세대별 빈곤율이 시간에 따라 증가하는 것은 자연스러운 현상이라고 볼 수 있다. 또한 1940년대생과 그 이전 출생 세대의 빈곤율은 다른 세대보다도 현저히 높다. 또한 출생 세대별 빈곤율 간의 차이가 두드러진다. 2021년 기준 1940년대생 및 그 이전 출생 세대의 빈곤율은 40% 이상인 반면, 1950년대생의 빈곤율은 30% 이하이다. 2021년 기준 1940년대 후반 출생 세대의 빈곤율과 1950년대 전반 출생 세대의 빈곤율 간 차이는 16.7%p에 달한다. 이와 같이 고령층 내에서의 세대 간 빈곤율 차이는 1950년을 기점으로 굉장히 두드러지게 나타난다. 이는 1950년 이전 세대와 그 이후 세대의 노인빈곤 문제는 상당히 다른 문제일 가능성이 높음을 시사한다.

세대 간 빈곤율 차이는 동일 연령대로 나이를 조정하여 비교하여도 뚜렷하게 나타난다. 그림에서 (b)는 세대 간 빈곤율 차이를 나타내기 위해 상단 (a)의 가로축을 연도가 아닌 연령대로 변경한 것이다. 1940년대 후반 출생 세대의 2021년 연령은 72~76세이다. 이는 2016년의 1940년대 전반 출생 세대의 연령과 일치한다. 그러나 1940년대 후반 출생 세대의 경우 2021년 빈곤율이 44.5%인 데 반해, 1940년대 전반 출생 세대의 경우 2016년 빈곤율이 51.5%이다. 이러한 현상은 1940년대생뿐만 아니라 모든 세대에서 관찰된다. 즉, 더 늦게 태어난 세대일수록 이전 세대보다 빈곤 문제가 덜하다는 것을 의미한다. 물론 2016년과 2021년의 동일 연령대 빈곤율을 직접 비교하는 것은 5년 사이의 사회·제도적인 변화로 인한 차이를 고려하지 않는 것이기에 주의할 필요가 있다. 예를 들어 기초연금 등의 정부 정책의 확대로 고령층의 전반적인 빈곤율이 감소했을 수 있기 때문이다. 그러나 그러한 차이를 고려하더라도 [그림 4-2]에서 드러나는 세대별 빈곤율 차이는 고령층의 빈곤 상황이 세대 간에 상이함을 분명히 보여준다.[66]

세대 간 빈곤 수준의 차이는 취약계층 비율에서도 드러난다. [그림

66 물론 「가계금융복지조사」의 가용한 시계열이 짧고 본 연구에서 활용한 방법만으로는 세대효과와 연령효과를 식별하기 어렵다는 명확한 한계가 존재한다. 비록 본 연구에서 세대효과와 연령효과를 엄밀히 식별하지는 못했지만, 세대 간 빈곤율과 취약계층 비율의 차이가 명확히 나타나는 것으로 볼 때 세대에 의한 효과가 더 크다고 판단된다.

[그림 4-3] 고령층 세대별 취약계층 비율(2016~21년)

(a) 저(低)소득 - 저(低)자산

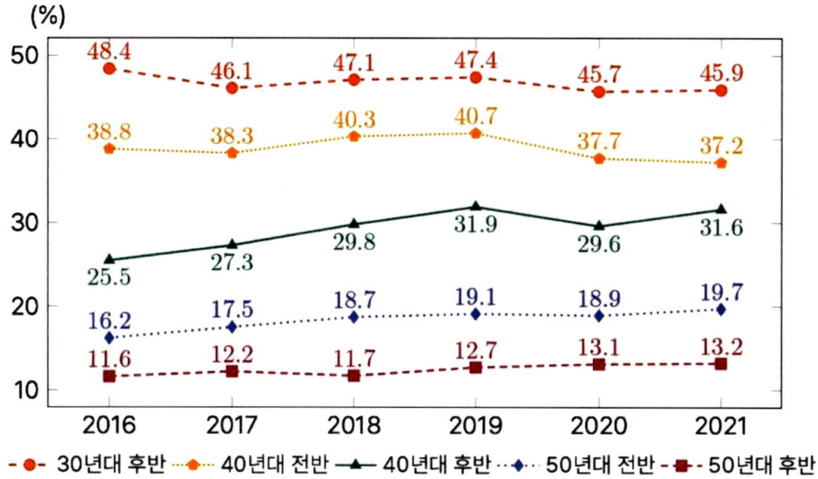

(b) 저(低)소득 - 저(低)소비

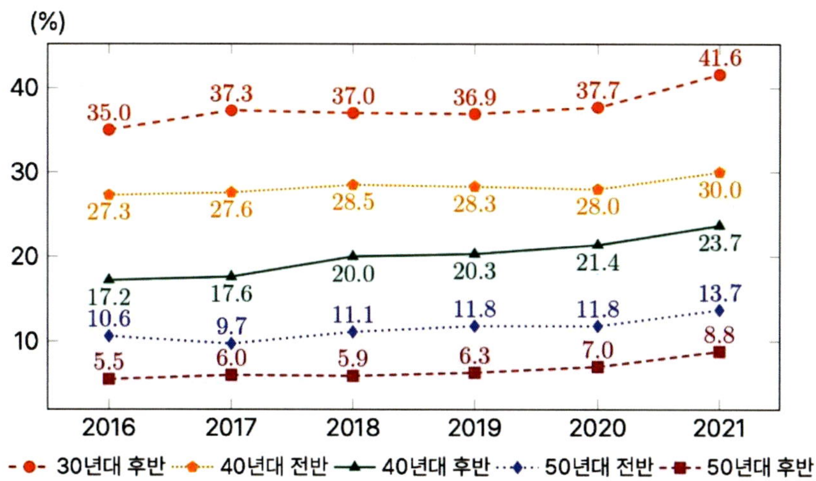

자료: 「가계금융복지조사」(2017~22)를 이용하여 저자 계산.

4-3]은 자산과 소비를 추가적으로 활용하여 정의한 취약계층의 비율을 세대별로 보여준다. 취약계층 비율을 통해 볼 때 세대 간 빈곤 수준의 차이는 더 뚜렷해진다. 2021년 기준, 1930년대 후반 출생 세대와 1940년대

전반 출생 세대의 경우 처분가능소득 기준 빈곤율이 50% 이상(각각 56.3%, 51.3%)이다. 그러나 자산을 추가적으로 고려하여 정의한 저(低)소득-저(低)자산 취약계층 비율의 경우 1930년대 후반 출생 세대는 45.9%, 1940년대 전반 출생 세대의 경우 37.2%로 차이가 명확히 드러난다. 마찬가지로 소비를 추가적으로 고려하여 정의한 취약계층인 저(低)소득-저(低)소비 고령층의 경우도 1930년대 후반 출생 세대는 41.6%, 1940년대 전반 출생 세대는 30%로 그 차이가 뚜렷하다. 이와 같은 세대 간 취약계층 비율의 차이는 다른 세대에서도 관찰된다. 늦게 태어난 세대일수록 이전 출생 세대에 비해 취약계층 비율이 낮다. 세대 간 취약계층 비율 또한 1950년을 기점으로 다른 양상으로 전개되는 것으로 보인다.

이와 같은 세대별 분석을 통해 앞서 소개했던 2010년대 이후 우리나라의 노인빈곤율 추이에서 나타나는 특징 두 가지를 모두 설명할 수 있다. [그림 4-4]는 「가계금융복지조사」를 이용하여 계산한 2016~21년 고령층의 출생 세대별 구성 비율을 나타낸다. 최근으로 올수록 가장 급격하게 증가하고 있는 출생 세대는 1950년대생이다. 1950년대생이 고령층에서

[그림 4-4] 고령층 출생 세대별 구성 비율(2016~21년)

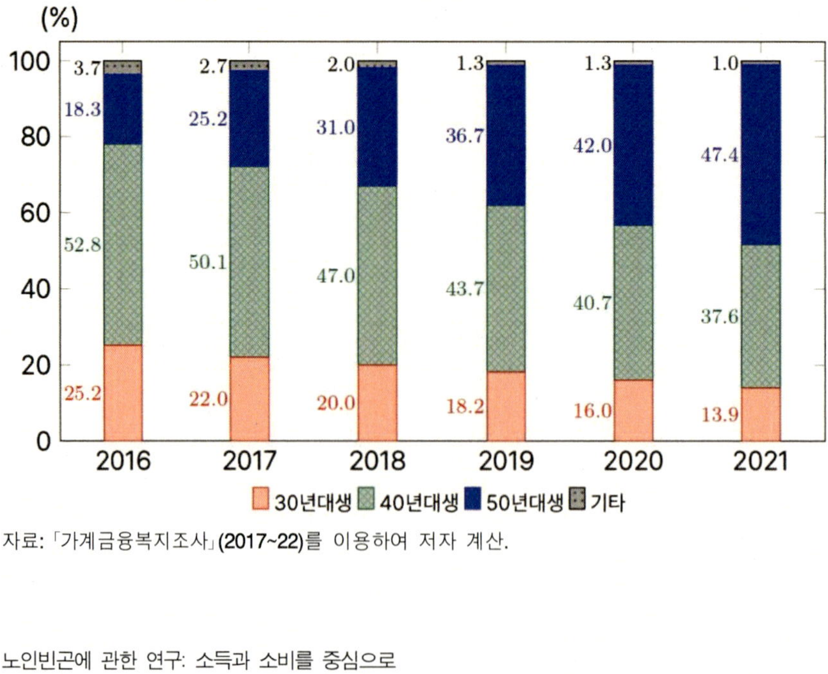

자료: 「가계금융복지조사」(2017~22)를 이용하여 저자 계산.

차지하는 비중은 2016년 18.3%에서 2021년 47.4%로 약 30%p 증가하였다. 2016년에는 1940년대생이 전체 고령층의 절반 정도 비중(52.8%)을 차지하고 1950년대생은 1940년대생의 1/3 수준(18.3%)이었다. 그러나 1950년대생의 고령층 내 비중이 급속도로 증가하여 2021년에는 1950년대생이 전체 고령층의 절반 정도 비중(47.4%)을 차지하였다. 앞서 세대별 분석에서 볼 수 있듯이 1950년대생은 그 이전 출생 세대인 1930, 40년대생보다 덜 빈곤한 세대이다. 이들이 고령층 내에서 차지하는 비중의 확대는 당연히 우리나라 전체 노인빈곤율을 낮추는 효과가 있다. 또한 이들은 고령층 내에서 65~74세의 연소한 노인층을 구성한다. 결국 1950년대생의 고령층 진입 및 비중의 확대가 고령층 내 연령대별 노인빈곤율의 차이도 설명한다.

Oaxaca - Blinder 분해[67]를 통해 노인빈곤율의 변화분 중 인구 비중의 변화분으로 인한 빈곤율 변화분을 분석하였다. 노인빈곤율은 노인을 구성하는 세대별 빈곤율의 가중합으로 볼 수 있다.

$$P_t = \sum_{k=1}^{K} w_{kt} P_{kt}$$

t는 시점(연도), k는 출생 세대를 나타낸다. P는 노인빈곤율로, P_t는 t 시점의 노인빈곤율을 의미한다. P_{kt}는 t시점의 k 출생 세대의 빈곤율이다. 그리고 w_{kt}는 t시점의 k 출생 세대의 고령층 내 비중, 즉 인구 비중을 나타낸다. 따라서 t시점의 노인빈곤율은 노인에 속하는 K개의 출생 세대의 빈곤율의 가중합으로 정의된다. 이를 이용하여 $t+s$시점과 t시점의 노인빈곤율 차이를 다음과 같이 나타낼 수 있다.

---

67 Oaxaca - Blinder 분해를 통해 분석 대상을 인구학적(demographic) 그룹으로 분해하여 빈곤율 감소를 분석하는 방법은 여러 선행연구에서 활용된 바 있다(Foster *et al*., 1984; Bourguignon *et al*., 2004). 다만, 빈곤율은 평균의 개념이 아니라 인구비율(headcount ratio)의 개념이기 때문에 분포의 동태를 분석하여 빈곤선이 달라지는 것까지 고려하여 빈곤율을 분해하는 것이 더 정확하다. 그러나 본 연구에서는 고령층 내 세대별 구성 비율의 차이가 노인빈곤율 감소에 미치는 영향을 간단하고 직관적으로 보이기 위해 Oaxaca - Blinder 분해를 이용하여 분석하였다.

$$P_{t+s}-P_t=\sum_{k=1}^{K}w_{kt+s}P_{kt+s}-\sum_{k=1}^{K}w_{kt}P_{kt}=\sum_{k=1}^{K}(w_{kt+s}-w_{kt})P_{kt}+\sum_{k=1}^{K}w_{kt}(P_{kt+s}-P_{kt})$$

노인빈곤율의 변화분 $P_{t+s}-P_t$을 세대 간 인구 비중 변화로 인한 변화분

$$\sum_{k=1}^{K}(w_{kt+s}-w_{kt})P_{kt}$$

과 세대 내 빈곤율 변화로 인한 변화분

$$\sum_{k=1}^{K}w_{kt}(P_{kt+s}-P_{kt})$$

으로 분해하는 것이다. 세대 간 인구 비중의 변화분이 설명하는 것은 고령층 내 빈곤 정도가 덜한 세대의 비중 확대로 인한 효과이다. 세대 내 빈곤율 변화분은 세대 내에서 고령층의 나이가 증가함에 따라 감소한 소득으로 인해 증가한 빈곤율로 인한 효과를 설명한다. 이를 활용해 2016년에서 2021년 사이 처분가능소득 기준 노인빈곤율을 분해하였다. 제3장에서 살펴봤듯이, 2016년 소득 기준 노인빈곤율은 43.6%이고 2021년 소득 기준 노인빈곤율은 37.7%로 2016년에 비해 5.9%p 감소하였다. 이를 Oaxaca - Blinder 분해를 통해 분해하였을 때 세대 간 인구 비중의 변화로 인한 변화분은 -7.5%p로, 세대 내 빈곤율 변화로 인한 변화분은 1.6%p로 나타났다. 세대 간 인구 비중의 변화로 인한 변화분이 세대 내 빈곤율 변화로 인한 변화분을 압도하는 것이다.

소득 외에 자산이나 소비를 추가적으로 고려하여 고령층의 경제상황을 종합적으로 보았을 때도 고령층 내 세대 간 빈곤 정도의 차이는 뚜렷해 보인다. 이처럼 노인빈곤 정도가 세대에 따라 다른 것은 우리나라의 급속한 경제성장으로 인한 세대 간 소득격차와 노후소득보장체계의 성숙도 차이 때문으로 보인다. 6·25 전쟁 직후 초토화된 우리나라는 1960년대부터 1997년 아시아 금융위기 전까지 '한강의 기적'을 통해 급속도의 경제성장을 이루었다. 당시 사회구성원들 개개인이 경험한 급격한 경제성장은 출생 세대별로 다를 것이다. [그림 4-5]는 1935년, 1940년, 1945년,

[그림 4-5] 출생코호트별 생애 1인당 국민총소득

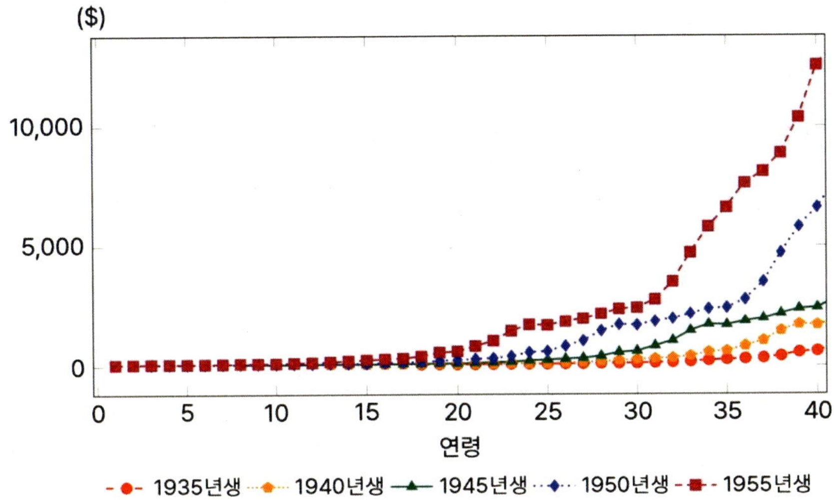

주: 1인당 국민총소득은 1953년부터 집계되어 1953년 이후만을 나타냄.
자료: 한국은행 경제통계시스템을 이용하여 저자 가공.

1950년, 1955년생의 다섯 출생코호트가 생애 경험한 1인당 국민총소득을 나타낸다. 각 출생코호트 간 연령차는 5세에 불과하지만 생애 경험한 1인당 국민총소득은 현저하게 다르다. 30세 시점 기준, 1945년생의 경우 1인당 국민총소득이 613달러였다. 그러나 1950년생의 경우 30세 시점의 1인당 국민총소득은 1,699달러로 약 3배가량 증가했다. 40세 기준으로 1935년생의 경우 1인당 국민총소득이 613달러였다. 25년 뒤에 1935년생은 65세가 되어 고령층에 접어드는데, 이때 1인당 국민총소득은 12,179달러이다. 1955년생은 그 시점에 40세로 활발히 경제활동을 하고 있을 시기이고, 1935년생은 65세로 당시 기준 일반적으로 경제활동을 거의 하지 않을 시기이다. 이와 같은 세대 간 차이는 생애 전반에 걸쳐 관찰된다. 특히 일반적으로 중위소득의 50%를 빈곤선으로 설정하는 것을 감안할 때, 이전 세대에서는 빈곤층으로 집계될 가능성이 상대적으로 더 크다. 이와 같은 현상은 한편으로는 빈곤율 산정 방법과도 관련이 있다. 일반적으로 저개발국가(least developed country)에서는 주로 소득이 특정 수준(최저생계수준 등) 이하인지로 빈곤율을 결정하는 절대빈곤율로 빈곤을 측정한다. 반면, 개발 국가(developed country)에서는 우리나라에서 통용되는 중위소득의 50% 이하를 빈곤층으로 정의하는 상대빈곤율을 이용한다. 급속도의 경제성장으로 인해 1935년생과 같은 이전 세대는 절대빈곤율로 빈곤을 측정하던 국가에서 노인이 되고 나니 상대빈곤율로 빈곤을 측정하는 국가에서 살게 된 셈이다.

1950년 이전 출생 세대는 소득뿐만 아니라 자산 축적에서도 큰 어려움을 겪었을 가능성이 높다. 1960~70년대는 토지가격의 상승률이 매우 높고 소득불평등이 심화되는 시기였다(이정우 · 황성현, 1998). 이는 1950년 이전 출생 세대의 경우 1950년 이후 출생 세대에 비해 소득이 낮을 뿐만 아니라 자산 축적 또한 어려워 노후 대비가 되지 않았을 가능성이 높음을 시사한다. 급속한 경제성장으로 인한 세대 간 학력차, 세대 간 노인빈곤 수준의 차이에 대한 또 다른 원인이다. [그림 4-6]은 2022년 「가계금융복지조사」를 이용해 계산한 1940년대 후반 출생, 1950년대 전반, 후반 출생 세대의 최종학력을 나타낸다. 더 늦게 태어난 출생 세대일수록 초졸 이하의 학력 비중이 낮고 고졸 이상의 학력 비중이 높은 것을 확인할 수 있다. 특히 현재 70대에 속하는 1940년대 후반 출생 세대의 경우 최종학력이 초졸 이하인 비율이 43.5%로 거의 절반에 가깝다. 반면, 베이비붐 세대인 1950년대 후반 출생 세대의 경우 최종학력이 초졸 이하인 비율은 16.8%로 10년 전 연령대인 1940년대 후반 출생 세대의 절반에 가깝다. 1950년대 후반 출생 세대의 경우 대학 수준의 고등교육을 받은 비율도 20.8%이다.

세대별로 노후소득보장체계의 성숙도가 다른 점도 세대 간 빈곤율의 차이에 큰 영향을 미친 것으로 보인다. 우리나라의 가장 대표적인 노후소득보장체계는 국민연금이다. 국민연금은 1988년 처음으로 도입된 후 1998년 전 국민을 대상으로 확대되었다. 이로 인해 이전 출생 세대일수록 가입기간이 짧고 따라서 연금 수급액 또한 적다. 최근 국민연금 공표통계에 따르면, 최근 국민연금 수급자 중 가입기간이 20년 이상인 수급자들의 수가 증가하고 있고, 이로 인해 월 200만원 이상 수급하는 가입자의 수도 늘어나고 있다. 이는 당연히도 1950년 이전 출생 세대에 비해 상

[그림 4-6] 출생 세대별 최종학력

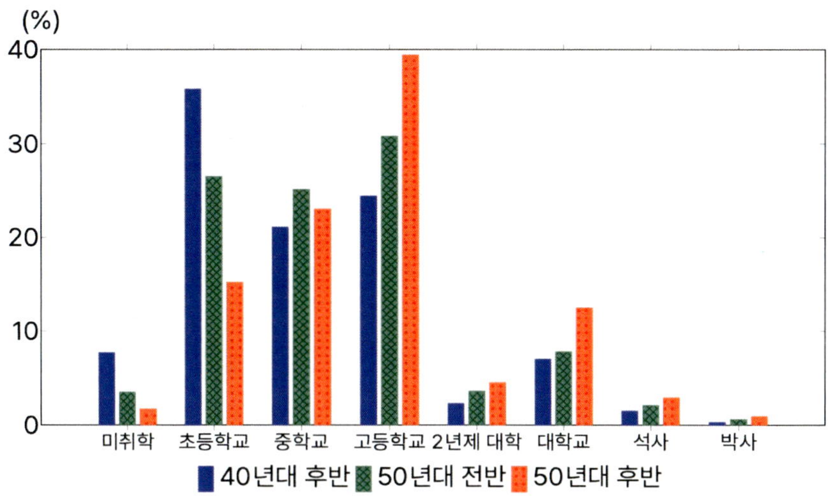

자료: 「가계금융복지조사」(2022)를 이용하여 저자 계산.

대적으로 가입기간이 길고 큰 금액을 수령할 수 있는 1950년 이후 출생 세대가 연금 수급을 시작했기 때문으로 보인다.

제2절 정책 제안

세대 간 빈곤율의 차이와 그 원인들을 종합적으로 고려해 보았을 때, 노인빈곤 완화 정책은 경제성장과 연금제도의 수혜를 받지 못한 고령층에게 집중하여 보다 두텁게 지원할 필요가 있어 보인다. 현재 정부의 가장 대표적인 노인빈곤 완화 정책은 기초연금이라 할 수 있다. 현행 기초연금은 우리나라의 높은 노인빈곤율에 초점을 맞춰 전체 고령층의 70%에게 연금을 지급한다. 하지만 이와 같은 방식은 고령화에 따라 전체 고령인구의 규모가 증가하면 재정부담 또한 증가할 수밖에 없는 구조이다. 우리나라의 고령화 속도가 세계 최고 수준임을 감안하면 재정부담 증가 속도 또한 굉장히 빠를 것으로 전망된다. 실제 류재린 외(2022)에서는 현행 제도하에서의 기초연금 지출액은 2020년 기준 17조원이나, 2050년에는 122조원으로 가파르게 증가할 것으로 추정하였다. 또한 취약계층 대상 노후소득 지원 측면에서도 효과성이 낮다. 경제적 지원이 덜 필요한 1950년 이후 출생 세대가 고령층에 포함되어 감에도 불구하고 전체 고령층의 70%에게 기초연금을 지급하는 것은 취약계층에게도 효과적인 지원 방법이 아니다. 결국 현행 기초연금은 재정부담을 사회적 필요 이상으로 가중시킨다.

따라서 앞으로 기초연금과 같은 노인빈곤 완화 정책은 선별적으로 도움이 필요한 취약계층에게 집중하여 더 두텁게 지원하는 방향으로 전환해야 한다. 이를 위해 공적이전소득 지원 시 소득뿐만 아니라 자산이나 소비까지 함께 고려하여 경제적 취약계층을 잘 식별해야 할 필요가 있다. 현재의 기초연금은 소득과 재산을 함께 고려한 소득인정액을 기준으로 소득인정액이 낮은 하위 70%에게 지급한다. 소득과 재산을 함께 고려하는 것은 경제적 취약계층 식별에 유용하지만, 하위 70%까지 지급하는 보편적인 현행 제도로 인해 그 유용성이 많이 퇴색되어 보인다. 소득으로는 빈곤하나 자산이나 소비로는 빈곤하지 않았던 저(低)소득－고(高)자산 고령층이나 저(低)소득－고(高)소비[68] 고령층의 경우 일반적으로 주택을 소유하고 있다. 이들을 대상으로 주택연금, 농지연금과 같은 자산유동화 정책을 활용하여 스스로 빈곤상태에서 벗어날 수 있게끔 하기 위한 노력이 필요하다. 이를 위한 유인으로는 기초연금 지원 시 소득인정액 중 재산의 소유환산액을, 주택연금 등을 통한 보유자산 연금화를 통해 창출할 수 있는 소득으로 대체하는 방법 등을 고려할 수 있다. 이를 통해 기초연금 지급대상을 축소할 수 있을 것으로 기대된다.

한편, 취약계층에 대한 지원을 더 두텁게 하기 위해서는 재산을 고려한 소득인정액이 일정 수준 이하인 고령층에게만 기초연금을 지급하고 지급액을 늘려야 할 필요가 있다.[69] 이와 같은 방식은 경제적 취약계층에

---

68 앞서 소개한 바와 같이 소비에 거주주택과 차량을 비용으로 환산한 자산 환산 소비가 포함되어 있는바, 고(高)소비층은 일반적으로 주택을 소유하고 있다.

69 본 연구에서는 구체적인 기초연금 개편방향을 제안하지 못하고 정책방향을 제시하는

게만 집중하여 지원을 하게 한다. 이는 자연스럽게 경제적인 취약계층 비율이 높은 1950년 이전 출생 세대가 더 많은 지원을 받도록 할 수 있다. 이 세대는 급속한 경제성장과 국민연금으로 인한 혜택을 누리지 못한 세대이다. 따라서 앞으로의 기초연금은 이들 세대에게 지원을 집중하여 충분한 노후소득을 보장해 주는 방향으로 전환되어야 한다. 앞으로 덜 가난한 세대가 고령층에 포함되어 갈 것이므로 이와 같은 방식으로의 전환을 통해 따라 자연스럽게 기초연금 지급 규모를 축소할 수 있다.

데 그쳐 명확한 한계가 존재한다. 구체적인 기초연금 개편방향을 논의하기 위해서는 1) 기초연금의 지급대상을 정하는 문제(소득 외에 여러 측면을 고려하였을 때의 고령층 내 빈곤층과 지원대상을 어떻게 정의할 것인지에 대한 문제)와, 2) 이들에 대한 지원금액 수준을 정하는 문제(기초연금의 노인빈곤 완화 효과성 제고를 위해 지원금액을 어느 정도 수준으로 정해야 하는지에 대한 문제), 그리고 마지막으로 3) 기초연금과 국민연금의 연계와 기초연금의 성격을 명확히 정해야 하는 문제(국민연금의 A값과의 연계와 기초연금을 노인빈곤 완화를 위한 제도로 정의할 것인지 등에 대한 문제)들을 고려해야 한다. 이에 대한 자세한 논의는 후속연구에서 다루고자 한다.

제5장

결 론

본 연구에서는 우리나라의 노인빈곤을 소비를 중심으로 소득 이외의 다른 경제적 측면을 이용하여 살펴보았다. 노인빈곤을 보다 세밀하게 살피기 위해 고령층을 세대별로 구분하여 분석하였고, 이를 바탕으로 앞으로의 정책방향에 대해 논의하였다.

우리나라의 노인빈곤율은 OECD 최고 수준으로 높으며, 자산이나 소비를 추가적으로 고려하여도 노인빈곤 문제는 심각해 보인다. 자산이나 소비를 고려하였을 때의 노인빈곤율은 소득 기준 노인빈곤율보다는 낮다. 그러나 노인빈곤율은 여전히 높은 수치를 기록하고 있다. 소득 외에 자산이나 소비를 함께 이용하여 고령층의 경제적 상황을 보다 종합적으로 판단하더라도 노인빈곤율 수치가 높다는 점은 우리나라 노인빈곤 문제의 심각성을 드러낸다. 특히 소득과 소비 모두 부족한 저(低)소득-저(低)소비 취약계층은 소득, 소비뿐만 아니라 보유한 자산도 적다. 소비지출 측면에서도 이와 같은 취약계층은 소비지출의 절대적인 수준이 낮을 뿐만 아니라 지출도 식료품비, 주거비와 같은 필수 소비지출에 많이 집중되어 있어 삶에 필요한 다른 요소들에서 얻을 수 있는 효용이 굉장히 낮아 보인다. 의료서비스 또한 충분히 누리고 있지 못한 것으로 추론된다.

이렇게 심각한 우리나라의 노인빈곤을 더 자세히 분석하기 위해 고령층을 출생 세대별로 구분하여 노인빈곤 문제를 살펴보았다. 그 결과, 출생 세대별로 빈곤 정도가 확연히 다르고 1950년 이전 출생 세대의 빈곤 문제와 1950년 이후 출생 세대의 빈곤 문제가 상이함을 확인하였다. 빈곤율과 취약계층 비율을 살펴보면, 출생 세대별 차이가 명확히 드러난다. 특히 1950년 이전 출생 세대의 빈곤율은 그 이후 출생 세대에 비해 현저히 높다. 우리나라의 높은 노인빈곤율은 상대적으로 더 가난한 1950년 이전 출생 세대가 고령층에서 큰 비중을 차지하기 때문으로 보인다. 이들은 급속한 경제성장과 국민연금의 혜택을 누리지 못했고, 그로 인해 이후 출생 세대보다 더 빈곤하다. 한편, 상대적으로 덜 가난한 1950년 이후 출생 세대가 고령층에 포함되어 감에 따라 노인빈곤율도 점차 낮아지고 있는 것으로 보인다. 이는 곧 우리나라의 대표적인 노인빈곤 완화 정책 수단인 기초연금을 취약계층에게 한정하여 더 두텁게 지원해야 할 필요성을 시사한다. 현행 기초연금은 전체 고령층의 70%를 대상으로 하고 있어 재정부담이 사회적 필요 이상으로 크고 빈곤 완화 효과도 작다. 따라서 앞으로의 기초연금은 소득인정액이 일정 수준 이하인 고령층에게 한정하여 두텁게 지원하고, 기초연금에 투입되었던 많은 재원은 다른 노인복지제도에 투입해야 한다. 이러한 방식으로의 전환을 통해 우리나라 고령층의 삶의 질을 제고할 수 있을 것으로 기대된다.

참고문헌

권규호, 『소득과 소비 불평등 추이에 관한 실증 연구』, 정책연구시리즈 2017-23, 한국개발연구원, 2017.

김태완 외, 『노인빈곤의 실태와 사회경제적 영향 분석 연구』, 경제·인문사회연구회 협동연구총서, 2020.

남상호, 「우리나라 빈곤의 다차원적 분석」, 『한국재정학회 학술대회 논문집』, 2013.

_____, 「우리나라 빈곤에 대한 다차원적 분석: 소득과 자산의 결합분포를 중심으로」, 『한국재정학회 학술대회 논문집』, 2016.

류재린·이다미·이병재·신화연·신영규·권혁진·제갈현숙·주은선·정해식, 『연금개혁과 사회적 합의 모델에 관한 연구』, 한국보건사회연구원, 2022.

윤석명·고경표·김성근·강미나·이용하·이정우, 『다양한 노인빈곤지표 산정에 관한 연구(Ⅰ)』, 한국보건사회연구원, 2017.

윤성진, 「점유형태별 주거비용 차이 분석: 금리 및 보유세 변화를 중심으로」, 『LHI 저널』, 12(1), 2021, pp.69~86.

이수욱·김태환·황관석·변세일·이형찬, 『저성장시대 청년층 주거안정을 위한 정책방안 연구』, 국토연구원, 2015.

이승희, 「소득·자산을 고려한 노인빈곤 분석」, 이영욱 외, 『자산을 고려한 노인빈곤 현황 및 정책 시사점』, 기획재정부 용역보고서, 2023a.

_____, 「소득과 자산으로 진단한 노인빈곤과 정책 방향」, KDI FOCUS, 2023b.

이정우·황성현, 「한국의 분배문제: 현황, 문제점과 정책방향」, *KDI Journal of Economic Policy*, 20(2), 1998.

이태열, 「코로나 19 이후 소비성향 하락에 대한 논의」, 『KIRI 리포트』, 보험연구원, 2021.

정규승·김감영·김서영·김선자, 『가계금융복지조사에서 의제주거소득 반영을 위한추정방법 연구』, 통계개발원 연구보고서, 2017.

정지운·김주현, 「소득-순가치(Income-Net Worth) 개념을 활용한 노인빈곤의 재고찰」, 『한국노년학』, 34(3), 2014, pp.595~611.

진미윤, 「자가주거비 계측에 대한 방법론 탐색 연구」, 통계청, 2003.

최경진 · 임병권, 「자가주택을 활용한 노후소득 마련 비교분석」, *Financial Planning Review,* 13(1), 2020, pp.1~28.

Armstrong, G., C. Cho, T. L. Garner, B. Matsumoto, J. Munoz, and J. Schild, "Building a Consumption Poverty Measure: Initial Results Following Recommendations of a Federal Interagency Working Group," *AEA Papers and Proceedings*, 112, American Economic Association, 2022, pp.335~339.

Baker, S. R., R. A. Farrokhnia, S. Meyer, M. Pagel, and C. Yannelis, "How does household spending respond to an epidemic? Consumption during the 2020 COVID-19 pandemic," *Review of Asset Pricing Studies,* 10(4), 2020, pp.834~862.

Blundell, R. and I. Preston, "Consumption inequality and income uncertainty," *Quarterly Journal of Economics,* 113(2), 1998, pp.603~640.

Blundell, R., L. Pistaferri, and I. Preston, "Consumption inequality and partial insurance," *American Economic Review*, 98(5), 2008, pp.1887~1921.

Bourguignon, F., F. H. Ferreira, and N. Lustig (eds.), *The microeconomics of income distribution dynamics in East Asia and Latin America.* World Bank Publications, 2004.

Chetty, R., M. Stepner, S. Abraham, S. Lin, B. Scuderi, N. Turner, ... and D. Cutler, "The association between income and life expectancy in the United States, 2001-2014," *JAMA*, 315(16), 2016, pp.1750~1766.

Chetty, R., J. N. Friedman, and M. Stepner, "The economic impacts of COVID-19: Evidence from a new public database built using private sector data," National Bureau of Economic Research, No. w27431, 2020.

Cutler, D. M. and Katz, "Macroeconomic performance and the disadvantaged," *Brookings Papers on Economic Activity,* 1991(2), 1991, pp.1~74.

Deaton, A., "Health, inequality, and economic development," *Journal of Economic Literature*, 41(1), 2003, pp.113~158.

Dorn, F., R. Radice, G. Marra, and T. Kneib, "A bivariate relative poverty line for leisure time and income poverty: Detecting intersectional differences using distributional copulas," *Review of Income and Wealth.*, 2023.

Fisher, J. D., D. S. Johnson, J. T. Marchand, T. M. Smeeding, and B. B. Torrey, "Identifying the poorest older Americans," *Journals of Gerontology Series B: Psychological Sciences and Social Sciences*, 64(6), 2009, pp.758~766.

Fitzgerald, J. and R. Moffitt, "The Supplemental Expenditure Poverty Measure: A New Method for Measuring Poverty," *Brookings Papers on Economic Activity,* 2022(1), 2022, pp.253~305.

Foster, J., J. Greer, and E. Thorbecke, "A class of decomposable poverty measures," *Econometrica*, 1984, pp.761~766.

Han, J., "Who's Hit Hardest? The Persistence of the Employment Shock by the COVID-19 Crisis," *KDI Journal of Economic Policy*, 43(2), 2021, pp.23~51.

Hendershott, P. H. and J. Slemrod, "Taxes and the user cost of capital for owner-occupied housing," *Real Estate Economics*, 10(4), 1982, pp.375~393.

Lee, S. Y. T., M. Park, and Y. Shin, "Hit harder, recover slower? Unequal employment effects of the Covid-19 shock," National Bureau of Economic Research, No. w28354, 2021.

Maasoumi, E. and J. S. Racine, "A solution to aggregation and an application to multidimensional 'well-being' frontiers," *Journal of Econometrics*, 191(2), 2016, pp.374~383.

Meyer, B. D. and J. X. Sullivan, "Measuring the Well-Being of the Poor Using Income and Consumption," *Journal of Human Resources*, 38, 1180, 2003.

Meyer, B. D. and J. X. Sullivan, "Consumption and income poverty for those 65," Working Papers 0721, Harris School of Public Policy Studies, University of Chicago, 2007.

Meyer, B. D. and J. X. Sullivan, "Identifying the disadvantaged: Official poverty, consumption poverty, and the new supplemental poverty measure," *Journal of Economic Perspectives*, 26(3), 2012, pp.111~136.

OECD, *How's Life? 2020*, 2020.

OECD, Pensions at a Glance *2021*, 2021.

Patel, J. A., F. B. H. Nielsen, A. A. Badiani, S. Assi, S., V. A. Unadkat, B. Patel, ... and H. Wardle, "Poverty, inequality and COVID-19: the forgotten vulnerable," *Public health*, 183(110), 2020.

Poterba, J. M., "Tax subsidies to owner-occupied housing: an asset-market approach," *Quarterly Journal of Economics*, 99(4), 1984, pp.729~752.

Poterba, J. and T. Sinai, "Tax expenditures for owner-occupied housing: Deductions for property taxes and mortgage interest and the exclusion of imputed rental income," *American Economic Review*, 98(2), 2008, pp.84~89.

Weisbrod, B. A. and W. L. Hansen, "An income-net worth approach to measuring economic welfare," *American Economic Review*, 58(5), 1968, pp.1315~1329.

Wolff, E. N. and A. Zacharias, "Household wealth and the measurement of economic well-being in the United States," *Journal of Economic Inequality*, 7, 2009, pp.83~115.

<자료>

국민연금공단, 「국민연금 공표통계」, 2023.

룩셈부르크 소득 연구(Luxembourg Income Study), LWS DB (취득연도: 2023. 8).

통계청, 「가계금융복지조사」 마이크로데이터, 2017~2022.

통계청, 「사회조사」, 2023.

통계청, 「생명표」, 2017~2022.

통계청, 「주택소유통계」, 2022.

한국보건사회연구원, 『빈곤통계연보』

한국부동산원 부동산통계정보시스템(URL: https://reb.or.kr, 접속일: 2023. 11).

한국은행 경제통계시스템(URL: https://ecos.bok.or.kr, 접속일: 2023. 11).

행정안전부, 「2021년도 기타물건 시가표준액 조정기준」, 2020.12.

OECD Income Distribution Database(URL: http://www.oecd.org/els/soc/income-distribution-database.htm, 접속일: 2023. 4).

부 록

1. 귀속임대료 산정 방법

귀속임대료 산정 방법에는 크게 사용자 비용 방법, 임대료 상당액 방법, 헤도닉 가격 모형이 있다.

먼저 사용자 비용 방법은 자가 소유에 대한 비용을 계산하여 이를 귀속임대료와 동일하다고 가정한다. 이러한 가정은 부동산시장이 균형일 때 자가 소유에 대한 비용과 이를 임차했을 때 얻을 수 있는 수익이 같음에 기반한다. 사용자 비용으로는 주택 구입의 기회비용(주택을 구입하지 않고 무위험자산에 투자했을 때 얻을 수 있는 수익), 각종 세금, 대출이자, 기대 매매차익 등을 포함한다(Hendershott and Slemrod, 1982; Poterba, 1984; Poterba and Sinai, 2008). 이수욱 외(2015)에서는 미국의 사용자 비용 계산식을 우리나라의 실정에 맞게 수정하였다. 이수욱 외(2015)에서의 사용자 비용 계산식은 다음과 같다.

$$C_i = V_i[(1-\tau_1)\alpha i_h + (1-\tau_2)(1-\alpha)i_c + \tau_p + \delta + \theta - \pi_l]$$

계산식에서 V_i는 거주주택 시가, τ_1은 한계소득세율, α는 주택가격 대비 대출금 잔액 비율, i_h는 주택담보대출 금리, τ_2는 이자소득세율, i_c는 금융자산 수익률, τ_p는 주택에 대한 재산세 실효세율, δ는 감가상각 비율, θ는 위험프리미엄, π_l은 거주지역 주택매매가격 예상 상승률을 의미한다. 이승희(2023a)는 이수욱 외(2015)를 따라 한계소득세율은 20%, 주택가격 대출금 잔액 비율은 40%, 이자소득세율은 15.4%, 실효세율은 0.2%, 감가상각 비율은 2.5%, 위험프리미엄은 3%를 가정하였다. 주택담보대출 금리는 한국은행 신규대출액 기준 주택담보대출 금리를, 금융자산 수익률로는 3년 만기 회사채 수익률을 이용하였다. 주택매매가격 예상 상승률은 한국부동산원의 전국 연간 주택매매가격 변화율의 6년 평균치를 이용하였다. 이수욱 외(2015)에서는 KB국민은행 매매가격지수의 전년도 주택매매가격 변화율을 이용하였으나, 2021~22년에 이례적으로 주택매매가격이 가파르게 상승한 점을 고려하여 분석기간인 2016~21년 기간 동안의 6년 평균치를 이용하였다. 계산에 사용한 통계치는 부표로 수록하였다.

임대료 상당액 방법은 거주주택의 가격을 이용해서 이를 임대했을 때 얻을 수 있는 수입을 계산하는 방법이다. 본 연구에서는 내구재인 거주주택으로부터의 서비스 가치를 월세로 환산한 비용으로 측정하였고, 거주주택의 월세 환산비용 계산을 위해 임대료 상당액 방법을 이용하였다. 선행연구에서는 다양한 방법을 이용하여 이를 계산하고 있다. Wolff and Zacharias(2009)는 미국에서 GDP 구성 항목으로 조사되는 미국 전체 귀속임대료를 이용하여 이를 전체 표본에서의 주택가격 합계 대비 개별 가구의 주택가격이 차지하는 비중을 이용하여 가구별 귀속임대료를 계산하였다.[70] 정규승 외(2017)는 임대시장 중 전세에 해당하는 주택의 전세가격에 전월세 전환율을 곱하여 귀속임대료를 계산하였다. 최경진・임병권(2020)은 임대료 상당액 방법을 이용해 귀속임대료를 주택매매가격과 매매가격 대비 전세가율, 전월세 전환율의 곱으로 계산하였다. 이승희(2023a)와 본 연구에서는 본문에 제시된 것과 같이 최경진・임병권(2020)의 방법을 따라 귀속임대료를 계산하였다.

귀속임대료 = 주택매매가격×매매가격 대비 전세가율×전월세 전환율

거주주택의 경우, 임대료 상당액 방법을 통해 계산한 귀속임대료는 다른 귀속임대료 산정 방법에 의해 산정된 귀속임대료보다 주택가격의 이질성을 잘 설명한다(이승희, 2023a). 이와 같은 방법을 따라 귀속임대료를 계산하기 위해서는 위 식의 우변을 구성하는 변수들에 대한 정보가

---

70 이승희(2023b)에서는 룩셈부르크 소득연구를 이용한 국제비교를 위해 Wolff and Zacharias (2009)의 방법을 이용하여 우리나라를 제외한 각 국가의 거주주택 귀속임대료를 계산하였다. 구체적으로 OECD 국민계정 통계의 최종소비지출 항목 중 귀속임대료 총액을 룩셈부르크 소득연구상의 개별 가구 주거 부동산액에 비례 배분하여 추정하였다.

필요하다. 먼저 주택매매가격은 「가계금융복지조사」에서의 실물자산 항목 중 거주주택금액(자산_실물자산_부동산_거주주택금액)을 주택매매가격으로 이용하였다.[71] 다음으로 매매가격 대비 전세가율과 전월세 전환율은 한국부동산원의 자료를 이용하였다. 한국부동산원에서는 매달 주택 유형별·지역별, 매매가격 대비 전세가율과 전월세 전환율을 제공한다. 이를 활용하기 위해 우선 「가계금융복지조사」의 수도권 여부 변수를 통해 거주주택의 지역이 수도권인지 비수도권인지를 분류하였다. 그리고 주택종류코드(거주주택_주택종류코드)를 이용하여 거주주택을 아파트, 연립다세대, 단독주택, 그 외(종합)로 분류하였다. 이렇게 거주주택을 유형별로 분류한 후 한국부동산원의 매년 3월 기준 주택 유형별·지역별 매매가격 대비 전세가율과 전월세 전환율, 가계금융복지조사의 주택매매가격을 이용하여 귀속임대료를 계산하였다.

마지막으로 헤도닉 가격 모형은 임대시장에 있는 주택을 대상으로 임대료와 주택 특성 간의 관계를 추정하고 이를 이용하여 임대시장에 있지 않은 주택의 귀속임대료를 계산하는 방법이다. 따라서 헤도닉 가격 모형은 2단계로 이루어진다. 1단계에서는 임대시장에 있는 주택들을 대상으로 임대료와 주택 특성 간의 관계를 회귀식을 이용하여 추정한다. 2단계에서는 1단계에서 추정된 식을 바탕으로 임대시장에 있지 않은 주택들의 특성들을 이용하여 임대료를 추정한다. 우리나라에서는 진미윤(2003), 윤성진(2021) 등이 이를 이용하여 귀속임대료를 분석하였다. 또한 임대시장에 있는 주택과 그렇지 않은 주택 간에 선택적 편의가 있을 가능성이 큰 경우 Heckman 표본 선택 모형을 이용하기도 한다.

---

71 물론 「가계금융복지조사」의 자산 항목은 행정자료로 보완한 자료가 아닌 조사자료라는 한계가 있다.

2. 자산의 연금화 방법

이승희(2023a)는 Weisbrod and Hansen(1968)을 따라 자산을 연금화하였다. Weisbrod and Hansen(1968)의 방법은 소득-순자산가치를 구하는 방법으로도 불린다. 이 방법은 순자산을 연금화한 후 이를 소득과 합산하여 소득-순자산가치를 계산하는 방법이다. 소득-순자산가치를 계산하는 계산식은 다음과 같다.

$$Y_t^* = Y_t + A_t = Y_t + NW_{t-1}\frac{r}{1-(1+r)^{-n}}$$

좌변의 Y_t^*는 소득-순자산가치로 현재의 경제적 상태를 평가한다. 소득-순자산가치는 현재의 소득(Y_t)과 순자산을 연금화(A_t)한 값의 합으로 정의된다. 한편, 순자산을 연금화한 값은 순자산을 연금화하여 일정기간 동안 일정한 금액을 수령한다는 가정하에 다음과 같이 계산된다.

$$(1+r)^n NW_{t-1} = A_t + (1+r)A_t + \cdots + (1+r)^{n-1}A_t = \frac{(1+r)^n - 1}{r}A_t$$

수식에서 r은 이자율, n은 연금 수급기간을 의미한다. 국내 연구에서는 정지운・김주현(2014), 김태완 외(2020) 등이 이와 같은 방법을 이용하여 순자산을 연금화하여 소득에 더한 후 노인빈곤율을 계산하였다. 이승희(2023a)에서는 선행연구들을 따라 연금 수급기간 n은 기대여명으로, 이자율은 2%로 가정[72]하였다(김태완 외, 2020). 기대여명은 통계청의 「생명표」를 이용하였다.[73] 그러나 이와 같은 자산의 연금화 방법은 소득화되는 자산의 규모가 기대여명에 따라 결정되기 때문에 고령층의 경제적 상황을 과대평가할 수 있다는 한계가 있다.

---

72 Kuypers and Marx(2018)는 2~10%의 다양한 이자율들을 고려하였고, 이자율은 분석 결과에 강건한 것으로 나타났다.

73 이승희(2023b)에서는 룩셈부르크 소득연구를 이용한 국제비교를 위해 이자율은 동일하게 2%로 가정하였고, 기대여명은 각 국가의 통계작성기관에서 발표하는 기대여명을 참고하였다.

3. 차량 감가상각률

차량 감가상각률은 Cutler and Katz(1991)와 행정안전부의 「2021년도 기타물건 시가표준액 조정기준」의 차량 잔가율을 참고하여 20%로 설정하였다. Cutler and Katz(1991)는 차량의 감가상각 분석에서 분기당 5%의 감가상각률을 이용하였다. 이를 연 단위로 환산하면 $0.95^4 \approx 0.815$로 18.5%가 된다. 행정안전부의 「2021년도 기타물건 시가표준액 조정기준」의 차량 잔가율의 경우 연식이 증가함에 잔가율이 따라 감소하지만 완전히 지수함수의 형태를 보이지는 않는다. 국산 승용차 기준 내용연수는 15년으로, 1년 후 잔존율은 72.5%, 2년 후는 61.4% 등으로 감소한다. 본 연구에서는 연당 감가상각률을 두 기준의 중간인 20%로 계산하였다. 실제 빈곤 분석에서 고령층의 차량이 차지하는 비중은 굉장히 작기 때문에 분석 결과는 감가상각률 수치에 강건함을 확인하였다. [부도 1]은 각 감가상각률 시나리오에 따른 잔가율의 변화 추이를 보여주며 시나리오 간 잔존율에는 큰 차이가 나타나지 않는다.

[부도 1] 감가상각률 시나리오별 잔가율

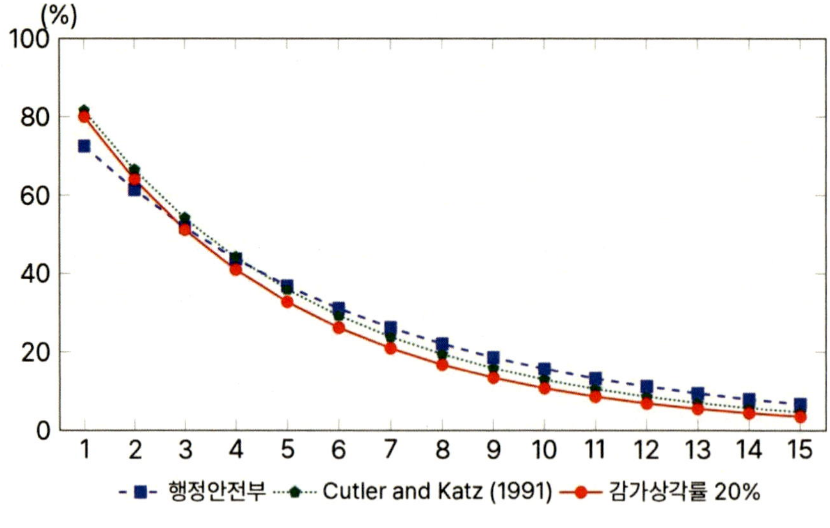

4. 고령층 소비분위별 소비지출 항목별 증가율

[부도 2] 고령층 소비분위별 소비지출 항목별 증가율(2019~21년)

(a) 식료품비

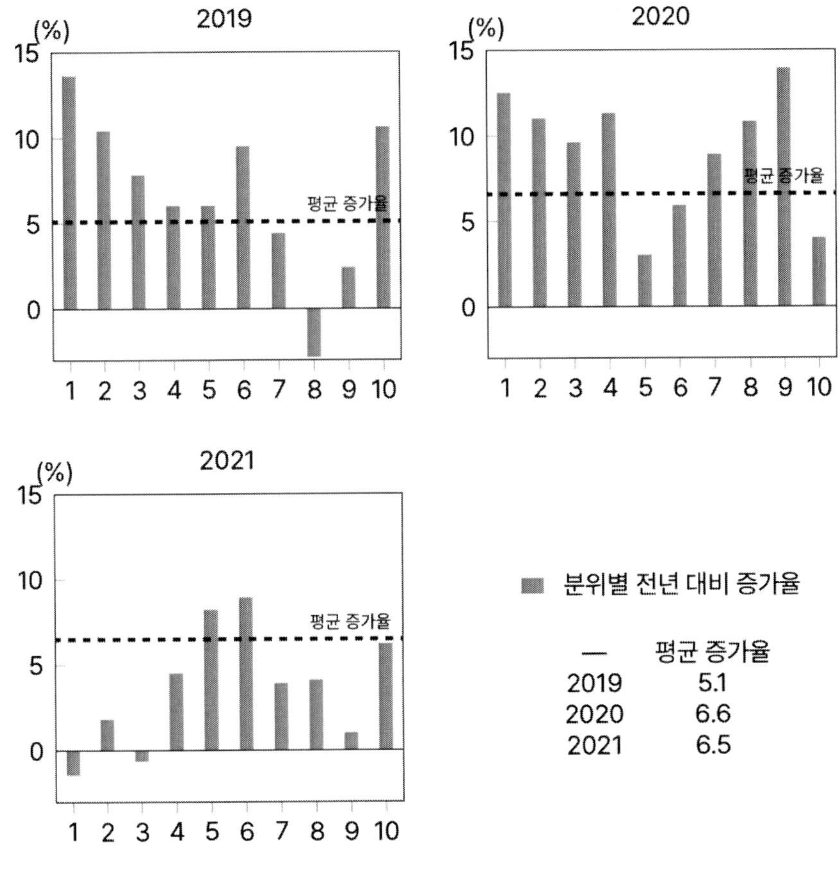

(b) 주거비

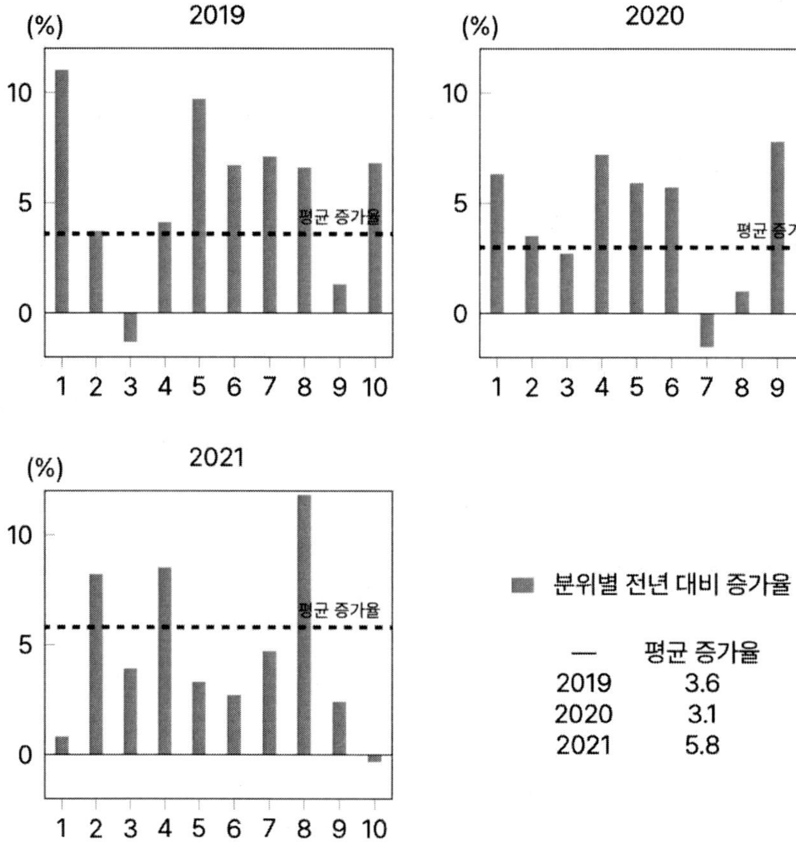
2019
(%)
10
5
0
평균 증가율
1 2 3 4 5 6 7 8 9 10
2020
(%)
10
5
0
평균 증가율
1 2 3 4 5 6 7 8 9 10
2021
(%)
10
5
0
평균 증가율
1 2 3 4 5 6 7 8 9 10
분위별 전년 대비 증가율
— 평균 증가율
2019 3.6
2020 3.1
2021 5.8

(c) 의료비

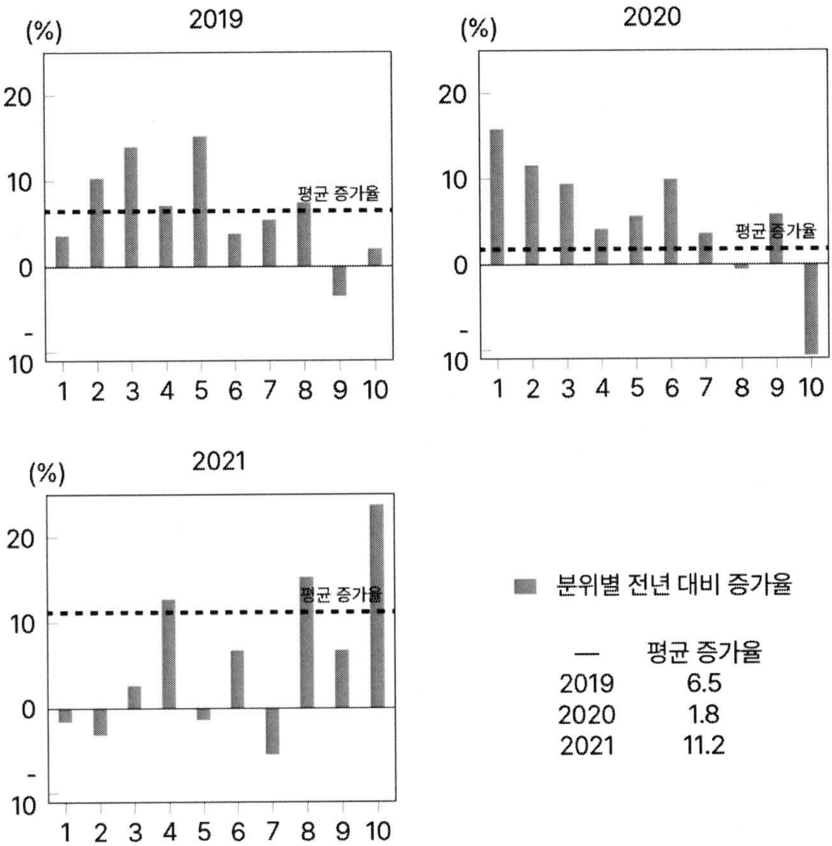
2019
2020
2021
(%)
평균 증가율
분위별 전년 대비 증가율
— 평균 증가율
2019 6.5
2020 1.8
2021 11.2

(d) 교통비

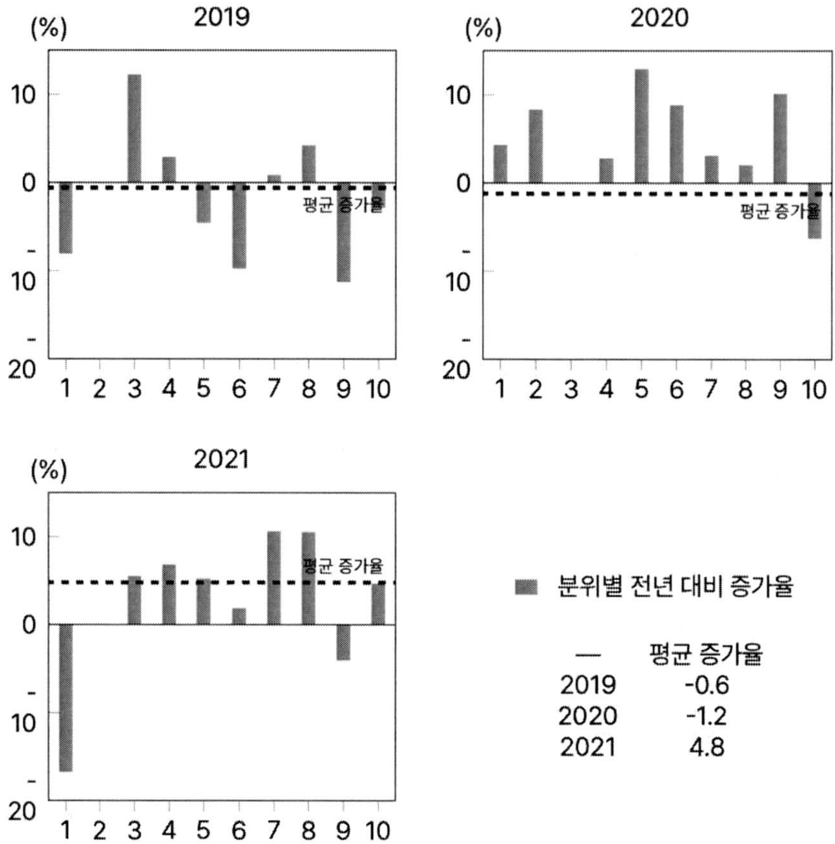
2019
2020
2021
(%)
평균 증가율
분위별 전년 대비 증가율
— 평균 증가율
2019 -0.6
2020 -1.2
2021 4.8

(e) 통신비

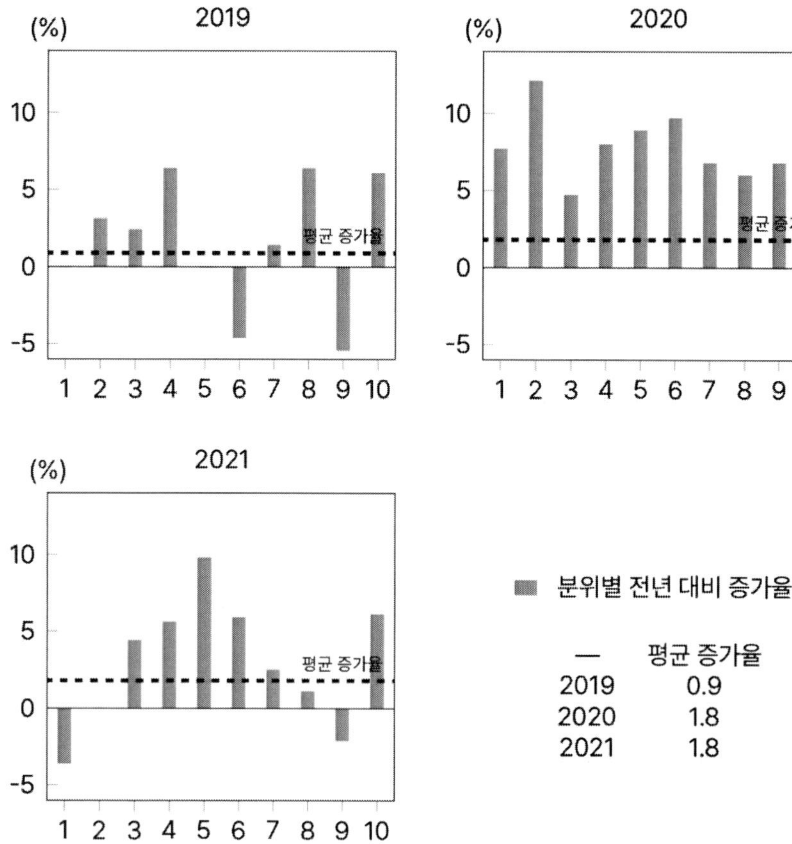
2019
2020
2021
(%)
평균 증가율
분위별 전년 대비 증가율
— 평균 증가율
2019 0.9
2020 1.8
2021 1.8

(f) 기타소비

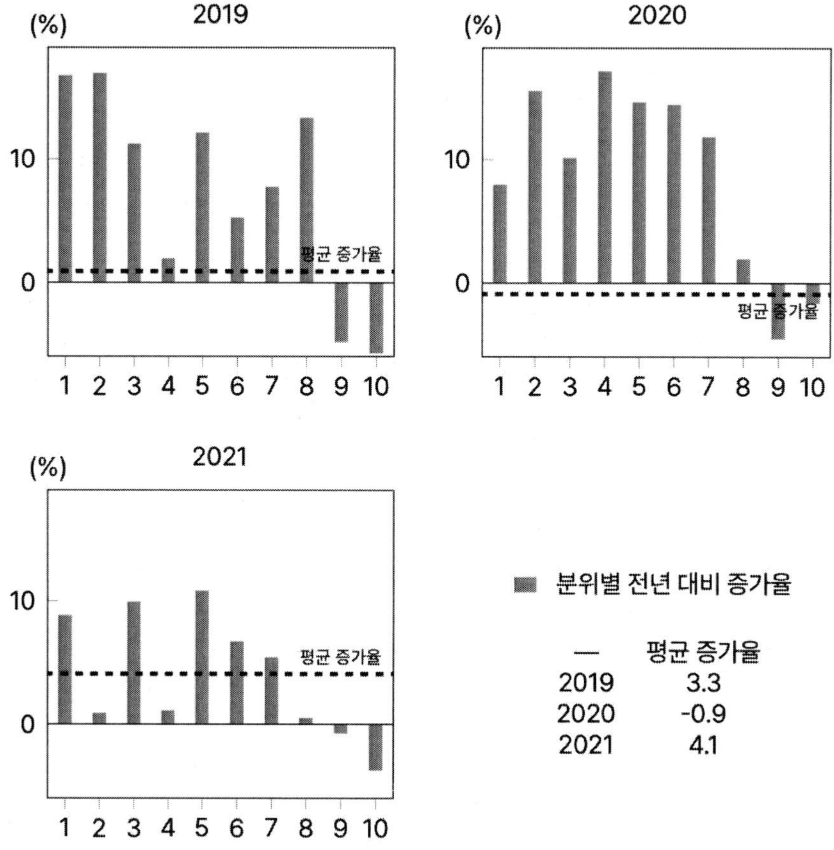

자료: 「가계금융복지조사」(2017~22)를 이용하여 저자 계산.

5. 소득 – 소비 빈곤층 특성 비교

[부도 3] 고령층 소득 - 소비 빈곤 유형별 특성 비교(2016~21년)

(a) 순자산

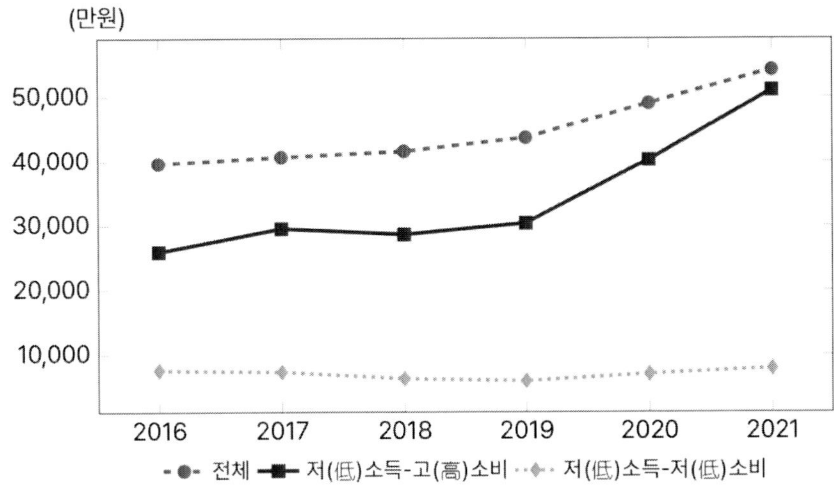

(b) 처분가능소득

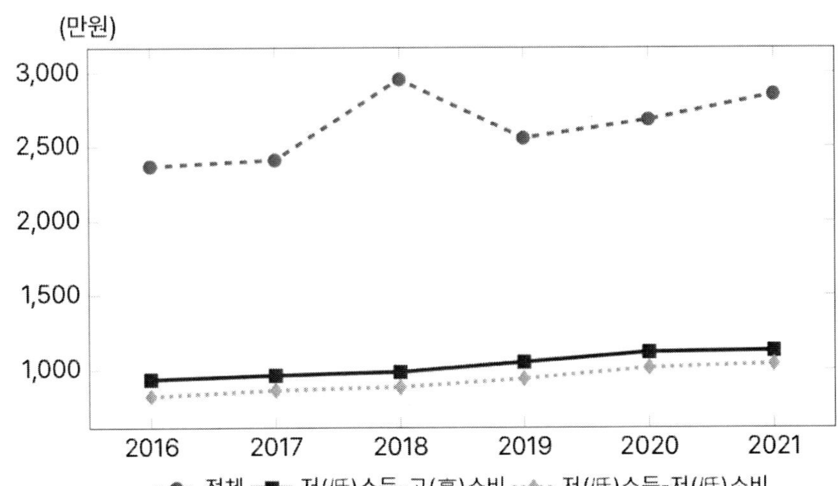

(c) 주택소유비율

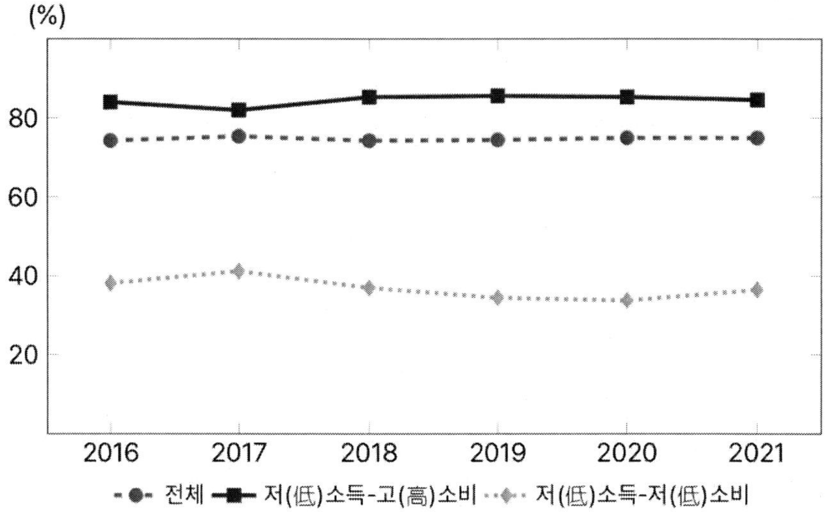

(d) 소유주택가격

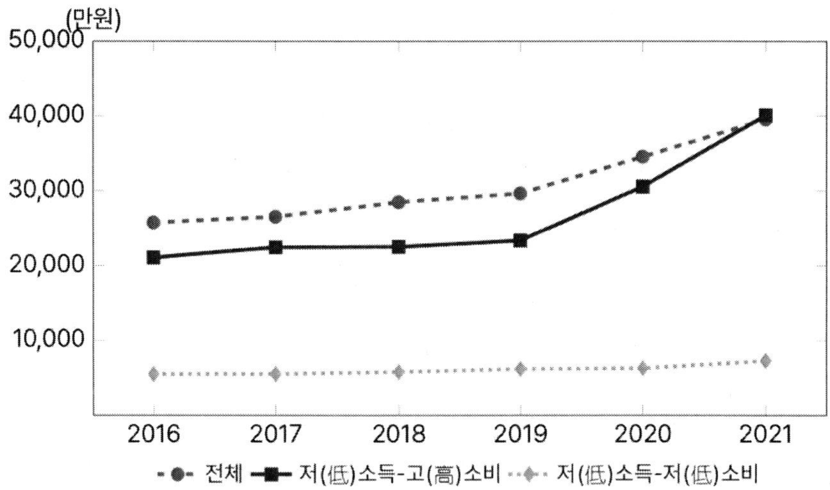

(e) 소비

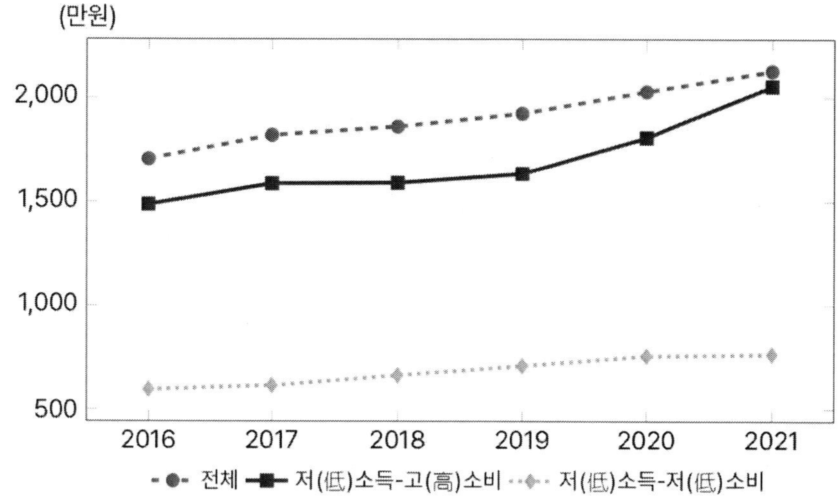

(f) 소비지출

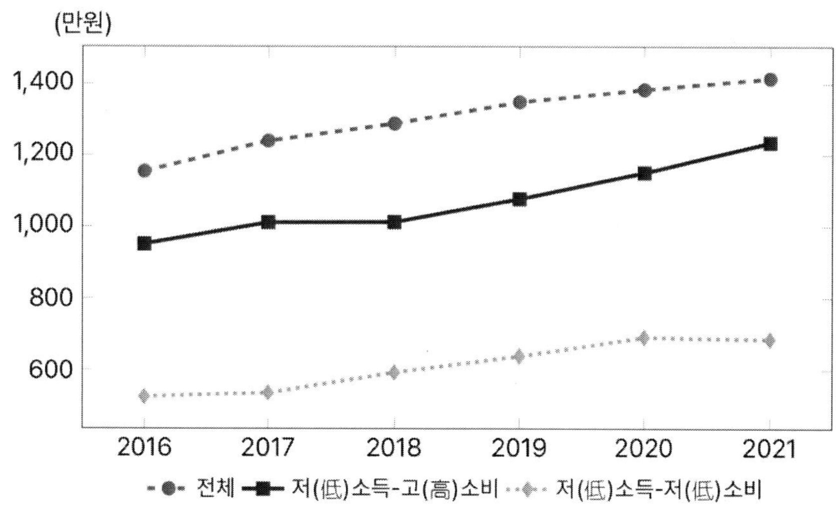

자료: 「가계금융복지조사」(2017~22)를 이용하여 저자 계산.

6. 고령층 가구 유형별 빈곤율

[부도 4] 고령층 가구 유형별 빈곤율(2016~21년)

(a) 1인 가구(독거노인)

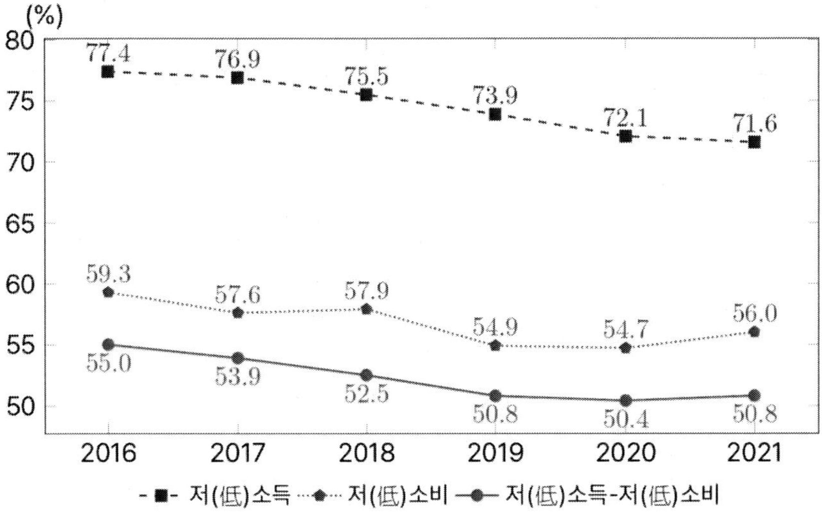

(b) 2인 가구(노인부부)

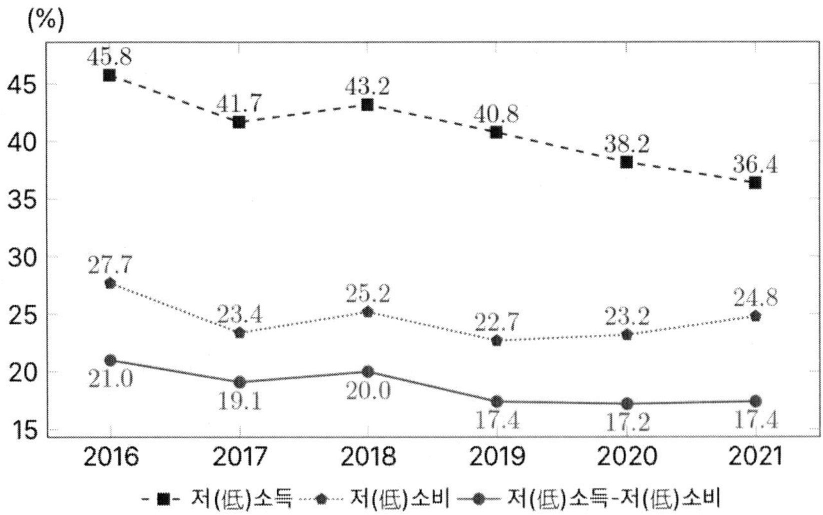

(c) 2인 가구(노인가구주 + 가족구성원)

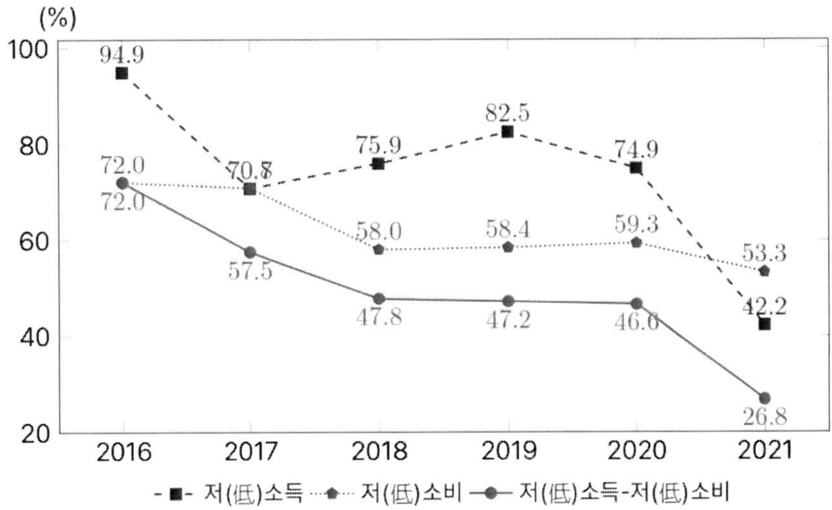

(d) 2인 가구(자녀가구주 + 노인)

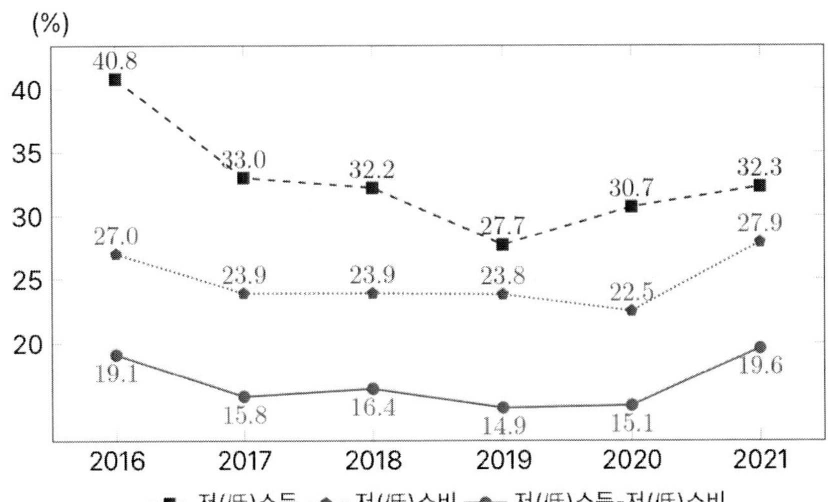

(e) 3인 이상 가구(노인가구주 + 가족구성원)

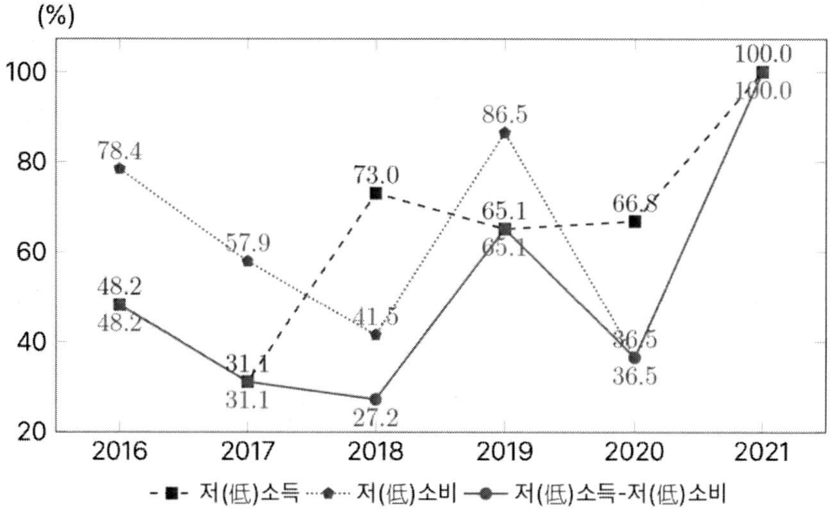

(f) 3인 이상 가구(자녀가구주 + 가족구성원)

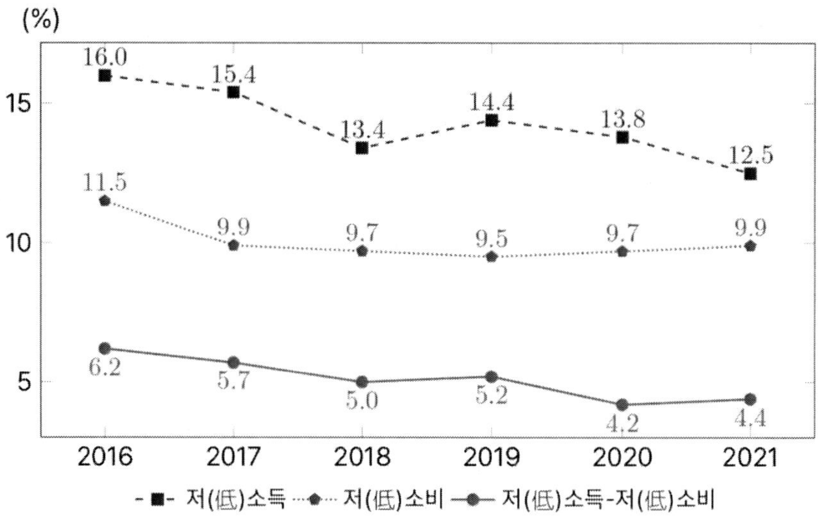

자료: 「가계금융복지조사」(2017~22)를 이용하여 저자 계산.

7. 고령층 가구 유형별 소비지출 비중

<부표 1> 고령층 가구 유형별 소비지출 비중(2016~21년)

(a) 2016년

(단위: %)

가구 유형	식료품	주거비	의료비	교통비	통신비	기타
1인 가구(독거노인)	35.1	21.9	16.7	5.8	4.6	15.9
2인 가구(노인부부)	34.5	16.3	15.8	8.6	5.0	19.8
2인 가구(노인가구주)	39.1	19.0	8.8	5.2	6.9	21.0
2인 가구(자녀가구주)	34.2	16.1	11.7	9.1	6.2	22.6
3인 이상 가구(노인가구주)	38.8	22.2	6.7	14.9	9.6	7.6
3인 이상 가구(자녀가구주)	34.0	13.0	11.5	11.6	7.8	22.1

(b) 2017년

(단위: %)

가구 유형	식료품	주거비	의료비	교통비	통신비	기타
1인 가구(독거노인)	34.4	22.5	17.0	6.0	4.5	15.8
2인 가구(노인부부)	34.1	15.6	15.9	8.5	4.6	21.2
2인 가구(노인가구주)	41.4	22.0	10.7	4.2	6.8	14.9
2인 가구(자녀가구주)	32.5	16.9	14.6	9.2	6.6	20.2
3인 이상 가구(노인가구주)	33.8	23.9	13.1	6.8	7.4	15.0
3인 이상 가구(자녀가구주)	33.9	13.1	10.4	11.2	7.5	23.8

(c) 2018년

(단위: %)

가구 유형	식료품	주거비	의료비	교통비	통신비	기타
1인 가구(독거노인)	35.1	21.0	16.6	5.8	4.2	17.4
2인 가구(노인부부)	34.0	15.4	15.4	8.7	4.5	22.0
2인 가구(노인가구주)	40.3	19.7	9.7	6.4	7.8	16.3
2인 가구(자녀가구주)	33.1	15.4	11.8	10.0	5.8	23.9
3인 이상 가구(노인가구주)	35.4	18.7	6.8	12.5	10.5	16.2
3인 이상 가구(자녀가구주)	34.1	12.3	10.3	11.3	7.0	25.0

(d) 2019년

(단위: %)

가구 유형	식료품	주거비	의료비	교통비	통신비	기타
1인 가구(독거노인)	36.0	21.3	16.7	5.4	3.9	16.5
2인 가구(노인부부)	34.9	15.2	15.2	8.2	4.5	22.0
2인 가구(노인가구주)	36.3	17.6	12.2	6.8	8.0	19.0
2인 가구(자녀가구주)	33.3	15.8	11.2	9.9	6.2	23.6
3인 이상 가구(노인가구주)	49.7	9.2	8.4	9.5	11.4	11.8
3인 이상 가구(자녀가구주)	34.5	12.4	10.5	10.6	6.9	25.1

(e) 2020년

(단위: %)

가구 유형	식료품	주거비	의료비	교통비	통신비	기타
1인 가구(독거노인)	36.8	20.9	15.6	5.0	4.0	17.5
2인 가구(노인부부)	35.5	15.1	15.0	8.2	4.5	21.8
2인 가구(노인가구주)	36.4	19.5	12.4	6.1	6.5	19.2
2인 가구(자녀가구주)	33.3	15.2	13.0	9.8	6.1	22.6
3인 이상 가구(노인가구주)	45.5	13.9	5.8	7.3	7.2	20.4
3인 이상 가구(자녀가구주)	35.6	12.5	10.3	10.3	6.8	24.6

(f) 2021년

(단위: %)

가구 유형	식료품	주거비	의료비	교통비	통신비	기타
1인 가구(독거노인)	35.5	20.6	17.4	5.0	4.0	17.6
2인 가구(노인부부)	35.9	15.1	15.2	8.3	4.5	21.1
2인 가구(노인가구주)	38.0	19.5	14.4	4.2	4.8	19.1
2인 가구(자녀가구주)	35.0	13.9	12.1	9.8	5.9	23.3
3인 이상 가구(노인가구주)	31.2	19.5	9.6	2.8	12.6	24.3
3인 이상 가구(자녀가구주)	36.2	12.7	10.7	10.0	6.6	23.7

주: 회색 음영은 노인이 홀로 경제적 부담을 지는 경우를 의미함.
자료: 「가계금융복지조사」(2017~22)를 이용하여 저자 계산.

8. 부표 및 부도

<부표 2> 노후 준비 여부 및 방법(2023년)

(단위: %)

	계	준비하고있음									
			소계	국민연금	예금적금	직역연금	사적연금	부동산운용	퇴직급여	주택연금	기타
전체 평균	100.0	69.7	100.0	59.1	15.7	8.1	5.4	4.9	3.8	1.3	1.5
남자	100.0	73.6	100.0	61.7	12.8	8.2	4.8	4.6	4.5	1.2	2.1
여자	100.0	65.8	100.0	56.2	18.9	8.0	6.1	5.3	3.1	1.5	0.9
19~29세	100.0	43.7	100.0	62.4	19.7	6.5	3.2	0.6	4.2	0.5	2.8
30~39세	100.0	74.1	100.0	60.2	15.9	8.8	4.8	3.3	3.9	0.5	2.6
40~49세	100.0	80.6	100.0	59.8	13.1	7.4	8.1	4.3	4.8	0.5	2.0
50~59세	100.0	83.1	100.0	64.4	12.9	7.1	5.5	4.6	3.4	1.2	0.9
60세 이상	100.0	65.7	100.0	52.4	18.4	9.7	4.5	8.1	3.3	2.9	0.6

주: 1) 직역연금은 공무원연금, 군인연금, 사립학교 교직원 연금 등을 의미함.
2) 기타는 '주식, 채권 등'과 '기타' 응답을 합한 비중임.
자료: 통계청, 「사회조사」, 2023.

<부표 3> 성·연령별 주택 소유자 통계(2022년)

(단위: 만명, %)

	전체 인구				
	전체	남	비중	여	비중
2022년	4,994.0	2,486.7	(49.8)	2,507.3	(50.2)
30세 미만	1,430.1	743.3	(14.9)	686.7	(13.8)
30~39세	639.0	332.0	(6.6)	307.0	(6.1)
40~49세	778.0	394.8	(7.9)	383.2	(7.7)
50~59세	833.6	418.7	(8.4)	414.9	(8.3)
60~69세	717.4	350.8	(7.0)	366.7	(7.3)
70~79세	375.8	171.3	(3.4)	204.5	(4.1)
80세 이상	220.2	75.8	(1.5)	144.4	(2.9)

	주택 소유자					
	전체	비중	남	비중	여	비중
2022년	1,530.9	(100.0)	828.1	(54.1)	702.9	(45.9)
30세 미만	27.4	(1.8)	14.8	(1.0)	12.6	(0.8)
30~39세	154.1	(10.1)	90.1	(5.9)	64.1	(4.2)
40~49세	332.4	(21.7)	186.2	(12.2)	146.2	(9.6)
50~59세	385.2	(25.2)	199.3	(13.0)	185.9	(12.1)
60~69세	338.6	(22.1)	176.1	(11.5)	162.5	(10.6)
70~79세	179.5	(11.7)	94.7	(6.2)	84.7	(5.5)
80세 이상	80.8	(5.3)	40.7	(2.7)	40.2	(2.6)
사망자	32.9	(2.1)	26.3	(1.7)	6.6	(0.4)

주: 사망자는 통계 작성 시점에 이미 사망했으나 소유권이 유지되고 있는 주택 소유권자임.
자료: 통계청, 「주택소유통계」, 2022.

<부표 4> 매매가격 대비 전세가격 비율

(단위: %)

주택유형	지역별	2017	2018	2019	2020	2021	2022
아파트	수도권	74.44	74.20	68.04	66.27	65.61	63.64
아파트	지방	74.92	75.22	74.79	74.69	74.90	73.71
연립다세대	수도권	65.96	71.11	70.70	71.19	71.11	68.68
연립다세대	지방	68.68	69.64	69.73	70.09	69.98	64.40
단독주택	수도권	51.22	55.47	51.95	49.83	48.59	48.47
단독주택	지방	47.20	48.90	47.39	46.32	45.45	46.29
종합	수도권	68.83	70.79	66.50	65.33	64.74	63.24
종합	지방	65.16	65.99	65.43	65.30	65.13	64.34

주: 매해 3월 기준.
자료: 한국부동산원, 부동산통계정보시스템.

<부표 5> 전월세 전환율

(단위: %)

주택유형	지역별	2017	2018	2019	2020	2021	2022
아파트	수도권	4.39	4.38	4.42	4.29	4.32	4.43
아파트	지방	5.27	5.25	5.14	5.00	4.90	4.86
연립다세대	수도권	6.15	5.76	5.44	4.97	4.61	4.55
연립다세대	지방	9.43	9.16	8.57	8.44	7.61	7.03
단독주택	수도권	7.45	7.02	6.84	6.48	6.18	6.12
단독주택	지방	9.76	9.55	9.35	9.12	8.80	8.36
종합	수도권	5.91	5.78	5.67	5.35	5.21	5.20
종합	지방	7.64	7.54	7.29	7.08	6.93	6.70

주: 매해 3월 기준.
자료: 한국부동산원, 부동산통계정보시스템.

<부표 6> 사용자 비용 계산 이용 변수

(단위: %)

	2017	2018	2019	2020	2021	2022
주택담보대출 금리	3.21	3.45	3.04	2.48	2.73	3.84
회사채 수익률	2.21	2.83	2.24	1.84	2.09	3.03
주택매매가격 상승률	0.76	1.86	0.21	1.23	6.70	7.47

주: 1) 매해 3월 기준.
2) 주택담보대출 금리는 신규취급액 기준 예금은행 주택담보대출 금리.
3) 회사채 수익률은 3년 만기, AA-.
4) 주택매매가격 상승률은 전국, 종합 기준, 전년 동기 대비.
자료: 한국은행(주택담보대출 금리, 3년 만기 회사채 수익률), 한국부동산원(주택매매가격 상승률).

[부도 5] 소비지출 항목 결측 표본 제외 노인빈곤율(2016~21년)

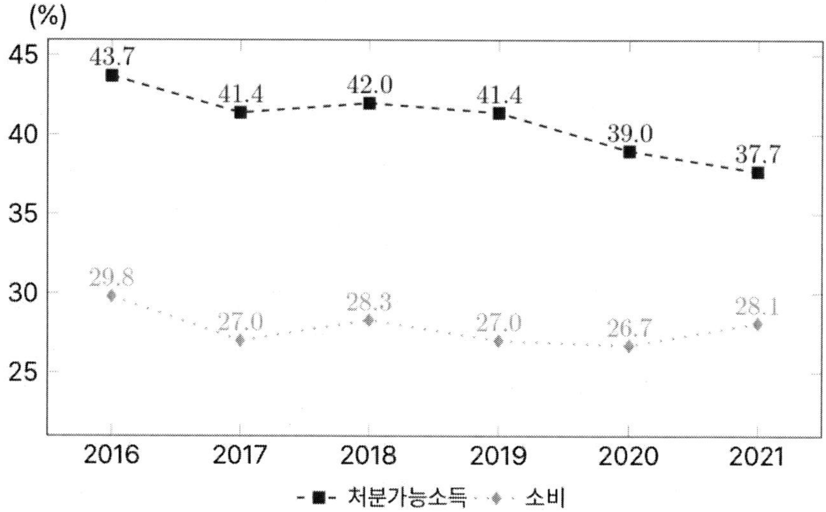

주: 2016~17년 처분가능소득 기준 노인빈곤율은 소비지출 항목 결측치를 제외하고 계산함.
자료: 「가계금융복지조사」(2017~22)를 이용하여 저자 계산.

[부도 6] 교육비를 포함한 소비 기준 노인빈곤율(2016~21년)

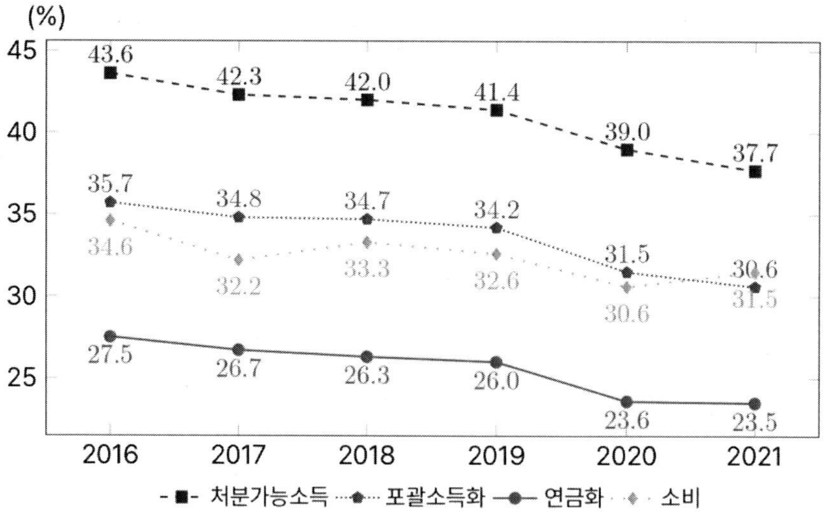

주: 1) 포괄소득화는 자산으로부터의 암묵적인 소득을 포함함.
2) 연금화는 자산을 소모하여 소득화함.
자료: 「가계금융복지조사」(2017~22)를 이용하여 저자 계산.

A Study on Elderly Poverty: Focusing on Income and Consumption

Seunghee Lee

This study investigates elderly poverty in South Korea by incorporating both consumption and income to provide a comprehensive assessment of the economic status of the elderly population. By examining these two factors, the study aims to identify vulnerable groups experiencing financial difficulties across multiple dimensions. The findings underscore the variability within income poverty among older adults, highlighting notable differences based on asset holdings. Accounting for both income and consumption allows a more nuanced understanding of elderly poverty, revealing vulnerable groups facing economic hardships in both dimensions. Furthermore, elderly poverty is examined across generations, showing that its high rate in Korea primarily stems from pre-1950s cohorts, who benefited less from rapid economic growth and pension schemes. Consequently, effective poverty alleviation strategies should target the older and poorer demographic relatively left out of economic growth and pension programs. Restructuring the Basic Pension to offer substantial support to vulnerable groups, while excluding high-asset but low-income individuals, can enhance the system's sustainability and effectiveness in poverty alleviation.

KDI 신간안내

RECENT KDI PUBLICATION

인공지능으로 인한 노동시장의 변화와 정책방향

한요셉

연구보고서 | 184쪽 | 정가 6,000원

인공지능 기술이 노동시장에 미치는 영향을 다양한 방식으로 실증적으로 살펴보고, 이를 통해 혁신, 노동, 교육 · 훈련, 일자리 등의 분야에 대한 핵심적인 정책방향을 제시한다.

거시경제 · 금융시장 환경변화에 대응한 외환정책

강동수 · 김미루 · 홍종수

연구보고서 | 178쪽 | 정가 6,000원

우리나라의 국경 간 자본이동과 외환시장 간의 관계를 분석하고 대외거래의 원활화와 대외건전성 유지라는 외환제도의 목표를 달성할 수 있도록 외국환거래법의 개편방안을 제시한다.

주택시장과 규제

문윤상 · 오지윤 · 이승협

연구보고서 | 166쪽 | 정가 6,000원

우리나라의 고유한 특성을 반영하는 주택시장의 규제에 관해 연구한다. 구체적으로는 토지거래허가제의 효과를 분석하고, 신규주택에 적용되는 분양가상한제에 대해 살펴보았으며, 임대차시장 규제의 가격효과를 분해하여 법의 개정으로 강화된 임차인의 권리의 가치를 추정한다.

디지털 플랫폼 경제의 경쟁정책

김민정 · 심경보 · 윤경수 · 이공 · 조성익

연구보고서 | 351쪽 | 정가 9,000원

디지털 플랫폼이 이미 획득한 시장지배력을 남용하는 행위와 시장지배력의 획득 · 강화에 기여하는 기업결합에 초점을 맞추어, 디지털 플랫폼 경제에서 경쟁제한적 행위가 발생할 경우 효과적인 개입이 가능하도록 경쟁정책의 개선방향을 제시한다.

일-가정 양립을 위한 근로환경

김민섭

정책연구시리즈 | 69쪽 | 정가 2,000원

일 · 가정 양립 가능성을 제고하기 위한 근로환경 조성 방안을 탐색한다. 구체적으로는, 여성 근로자가 결혼 또는 출산을 선택하였을 때 부담하게 되는 노동시장 성과 감소분(결혼 및 모성 페널티)을 추정하여 일 · 가정 양립 가능성의 척도로 삼고, 일 · 가정 양립 가능성과 상관관계가 큰 근로환경 특성을 살펴본다.

친환경차 보급정책폼 경제의 경쟁정책

김현석

정책연구시리즈 | 87쪽 | 정가 2,000원

친환경차 신규등록대수 자료를 토대로 최근 이뤄진 보급정책의 효과를 실증적으로 파악한다. 구체적으로, 2019~22년간의 지역별 전기승용차 및 수소승용차 신규등록대수, 보조금 수준, 충전인프라 누적보급량 등 주요 변수에 대한 자료를 구축하고, 주요 변수들의 지역별 이질성이 전기차 및 수소차의 신규등록대수 변화에 미치는 영향을 회귀분석한다.

산업단지 특성에 따른 외국인직접투자의 생산성 파급효과 연구

송영관

정책연구시리즈 | 46쪽 | 정가 2,000원

한국의 사업체 단위 대규모 패널 데이터를 활용하여 FDI 기업의 산업단지 입주 여부가 수직적 파급효과를 통해 국내 기업의 생산성에 미치는 영향을 분석한다. 산업단지의 산업집적화 효과로 인한 영향을 검증하기 위해 수직적 산업관계를 고려하여 FDI의 후방연계효과를 대리할 지표를 구축하고, 이 지표와 한국 제조업 사업체들의 총요소생산성과의 관계를 분석한다.

정책연구시리즈 2023-12

노인빈곤에 관한 연구: 소득과 소비를 중심으로

인 쇄 2023년 12월 27일
발 행 2023년 12월 30일

저 자 이승희
발행인 조동철
발행처 한국개발연구원
등 록 1975년 5월 23일 제6-0004호
주 소 세종특별자치시 남세종로 263
전 화 (044) 550-4114
팩 스 (044) 550-4310

ISBN 979-11-5932-892-3

값 2,000원

* 잘못된 책은 바꿔드립니다.